主　审　任孝勇

爱国主义美育作品赏析

主　编　叶　静
副主编　崔显艳　张业森　吴倩霞

AIGUO ZHUYI MEIYU ZUOPIN SHANGXI

东北大学出版社
·沈　阳·

图书在版编目（CIP）数据

爱国主义美育作品赏析 / 叶静主编. — 沈阳：东北大学出版社，2020.9（2023.12 重印）
ISBN 978-7-5517-2504-0

Ⅰ. ①爱…　Ⅱ. ①叶…　Ⅲ. ①爱国主义教育—美育—高等学校—教材　Ⅳ. ①G641. 4②G40-014

中国版本图书馆 CIP 数据核字（2020）第 168678 号

出 版 者：东北大学出版社
地址：沈阳市和平区文化路三号巷 11 号
邮编：110819
电话：024-83687331（市场部）　83680267（社务部）
传真：024-83680180（市场部）　83687332（社务部）
网址：http://www.neupress.com
E-mail：neuph@neupress.com
印 刷 者：辽宁一诺广告印务有限公司
发 行 者：东北大学出版社
幅面尺寸：185mm×260mm
印　　张：7.5
字　　数：150 千字
出版时间：2020 年 9 月第 1 版
印刷时间：2023 年 12 月第 7 次印刷
组稿编辑：向　阳
责任编辑：孙　锋
责任校对：张　媛
封面设计：潘正一
责任出版：唐敏志

ISBN 978-7-5517-2504-0　　定　价：25.00 元

序 言

运用审美教育方式，让爱国主义精神入脑入心

爱国是人类永不衰竭的崇高情感，爱国主义是一个令人精神振奋的词汇。人类历史实践证明，爱国主义民族精神始终是一个国家、一个民族的精神支柱。哲学家追求“爱国成大义”，史学家关注“爱国铸史诗”，法学家则认为“爱国是本分”，作为当下的中国人应该认为“爱国是每个人最永恒、最崇高的天职”。

对于中国人来说，爱国主义是中华民族继往开来的精神支柱，是维护祖国统一和民族团结的纽带，是实现中华民族伟大复兴的动力和源泉，也是一个人实现人生价值的力量源泉。近代以来爱国主义精神进入了一个崭新的时期，以独立自强、民族复兴为主题，迎来了中华民族爱国主义精神发扬、升华的新的历史时代。建设和发展中国特色社会主义是新时期爱国主义的主题，它要求每个中国人都应该献身于建设和保卫社会主义现代化事业，献身于促进祖国统一的事业。

爱国主义是中华民族最深厚的民族感情，也是中华文化的基本价值。爱国主义是各国人民所崇尚的宝贵精神品质，也是中华民族精神的核心基因。实现中华民族伟大复兴，必须高扬爱国主义旗帜。青年一代只有把理性的爱国主义精神融入其血脉，彻底清除反爱国主义的精神灰尘，才能确保成为民族精神的传承人、社会主义的举旗人和党的事业的接班人。

爱国是人的自然属性的内在要求，是人的社会属性的外在体现，是人的精神属性的需要和满足。可以说爱国主义情感深深根植于个体心灵深处，甚至可以认为它内化于个体的下意识或者潜意识之中。如何将其内心深处的情感唤醒并用于指导实际生活就必然取决于爱国主义教育的开展。爱国主义教育的涵义是：一定社会的教育者，通过一定的教育内容、方法和手段，对受教育者施加有目的的爱国主义思想影响，培养人们的爱国情感，增强人们的爱国意识，引导人们开展爱国行动的一种实践活动。究竟该怎样具体进行爱国主义教育，尤其针对高职院校学生采用何种爱国主义教育的方式，应该引起教育者的高度关注和深入探讨。

我国高职院校爱国主义教育方式主要从课堂上（“思想道德修养与法律基础”“毛

泽东思想和中国特色社会主义理论体系概论”两门思想政治课程）的理论教学和依托重大节日、重大事件组织的学生实践活动两个方面进行。目前这种爱国主义教育方式具有理论解读、零散穿插、参与度有限的不足，容易让爱国主义教育在整体思政教育中成为“似或存”状态。对此，内江职业技术学院（以下简称学院）自2012年创建省级示范院校以来，就将爱国主义教育纳入素质教育平台创建省级示范高职院校项目之中，不断探索爱国主义教育的新方法。素质教育平台子项目“三百工程”（读百本书、赏百幅画、品百首曲）旨在提升高职大学生综合素质，落实高职院校素质教育。该项目具有三个特点：第一，内容安排上从眼、耳、口入手，试图开启学生心灵的窗口，让其充分感受诗书画的魅力，激起学生探索生命奥秘和人生价值的兴趣，从而丰富其知识和促进智能，进而提高其智慧；第二，作为一、二课堂的桥梁，项目充分体现课程活动化、活动课程化的理实一体特色，一方面连接课程建设，另一方面连接学生活动；第三，实施方式上具有层次性特征。以学院“沱江潮”讲坛平台为阵地，以学院知名、专业教师讲座团为依托，以学生讲解团为班级延伸，全面推进素质教育进程。“三百工程”项目在实施的过程中形成了“认知·体验的三三五模式”的全方位落实。“三三五”模式即三百（读百本书、赏百幅画、品百首曲）、三讲（专家讲座、教师讲授、学生讲解）、三课堂（一、二、三课堂也就是教室、校园、社会）实践、五阶段（方案、编写读本、解读、活动、总结）。该模式的灵魂在于认知和体验，关注的对象在于全方位关照，其意义在于直接与学生的精神相关联，塑造充满民族精神、民族性格，充满朝气、活力，面向现代、面向人生的现代青年。依托“三百工程”项目申报2015年教育部办公厅举办的第二届“礼敬中华优秀传统文化”活动，获特色展示项目荣誉。通过“三百工程”项目实施，增强了高职学生对伟大祖国和中华民族的认同；增强了高职学生对中华文化的认同；增强了高职学生对中国特色社会主义道路的认同。

2017年以来，学院高度重视美育教育，在全院开设美育课程。通过“三百工程”项目几位老师的共同努力，构思了美育教育的教学内容框架和材料的选择，从而形成了本书以爱国主义为核心内容的美育教育教材体系。崔显艳老师负责组织，语文教师叶静、美术教师张业森、音乐教师吴倩霞共同参与编写了本教材。本教材参照《“三百工程”导读手册》的框架，选取了近现代以来以爱国主义精神为核心的诗文作品、美术作品、音乐作品，其目的在于通过艺术的内容勾画出中国从半殖民地半封建社会的积弱积贫到新时期社会主义国家的繁荣富强的历史线索，展示那些为民族独立、富强付出心血的英雄和人民的精神世界，让同学们在学习的过程中形成直观感受；通过艺术的形式唤醒并激起其强烈的爱国情怀，并在艺术的解读吟诵、观赏、模仿和传唱中体会祖国强盛之轨迹，从而入脑入心；让民族精神之血脉去吸引学生、塑造学生，让他们成为有爱国情怀、民族个性，充满正能量的，不断追求的并积极参与社会主义国家建设的伟大事业的青年。

每当我们看到同学们阅读文章《记念刘和珍君》时产生的悲愤，阅读诗歌《星星之火可以燎原》时产生的希望，每当我们看到同学们欣赏油画《开国大典》时露出的庄严，每当我们看到同学们高声齐唱歌曲《我们走在大路上》时的洒脱、齐唱《不忘初心》时的深邃和坚定，都会露出会心一笑，为同学们产生的爱国情怀而发自内心的欢欣和鼓舞。

本书编撰得到内江职业技术学院领导的高度重视和参编者的全力支持。爱国主义作品丰富多样，取舍难免不够周全，力有不逮，如有疏漏讹误之处，诚望读者批评指正。

崔显艳

2020年6月2日于高桥青龙河畔

目 录

第一章 绪 论 ……1

一、爱国主义与爱国主义作品 ……1

二、审美教育与爱国主义作品 ……2

三、爱国主义美育作品导读学习方法 ……6

第二章 爱国主义诗文选鉴 ……7

第一节 新中国成立前爱国主义诗文选鉴 ……7

一、新中国成立前的文化背景 ……7

二、代表诗文选 ……7

第二节 建设时期爱国主义诗文选鉴 ……24

第三节 改革开放时期爱国主义诗文选鉴 ……28

一、邓小平文选 ……29

二、江泽民文选 ……31

三、胡锦涛文选 ……33

第四节 新时期爱国主义诗文选鉴 ……34

第三章 爱国主义美术选鉴 ……42

第一节 爱国主义美术简述 ……42

第二节 新中国成立前爱国主义美术选鉴 ……42

一、新中国成立前的社会背景 ……42

二、代表画作赏鉴 ……43

第三节 建设时期爱国主义美术选鉴 ……50

一、建设新中国时期的社会背景 ……50

二、代表画作赏鉴 ……51

第四节 改革开放时期爱国主义美术选鉴 ……59

一、改革开放时期的社会背景 ……59

二、代表画作赏鉴 ……60

第五节 新时期爱国主义美术选鉴 ……62

一、新时期的社会背景 ……62

二、代表画作赏鉴……63
第四章 爱国主义歌曲选鉴……66
第一节 爱国主义歌曲概述……66
第二节 新中国成立前爱国主义歌曲选鉴……67
一、《义勇军进行曲》……67
二、《没有共产党就没有新中国》……68
三、《三大纪律八项注意》……69
四、《南泥湾》……71
五、《保卫黄河》……72
六、《东方红》……75
七、《渔光曲》……76
八、《长城谣》……77
九、《松花江上》……78
第三节 建设时期爱国主义歌曲选鉴……79
一、《中国人民解放军军歌》……79
二、《光荣啊，中国共青团》……80
三、《歌唱祖国》……81
四、《我们走在大路上》……82
五、《社会主义好》……83
六、《十送红军》……85
七、《红灯记》……86
八、《我的祖国》……87
第四节 改革开放时期的爱国主义歌曲选鉴……88
一、《在希望的田野上》……88
二、《长江之歌》……89
三、《绒花》……90
四、《天路》……91
五、《春天的故事》……93
六、《走进新时代》……94
七、《爱我中华》……95
八、《西部放歌》……97
九、《亚洲雄风》……98
十、《为了谁》……100
第五节 新时期爱国主义歌曲选鉴……101
一、《我和我的祖国》……101

二、《芦花》……103
三、《望月》……103
四、《红船向未来》……105
五、《不忘初心》……106
六、《强军战歌》……107
七、《走向复兴》……109

第一章 绪 论

一、爱国主义与爱国主义作品

（一）爱国主义

爱国主义是中华民族最为深厚的历史情感，是我们国家和民族自立自强的强大精神动力，是凝聚和鼓舞各族人民团结奋斗的一面旗帜。爱国主义是指个人或集体对祖国的一种积极和支持的态度，集中表现为民族自尊心和民族自信心，为保卫祖国和争取祖国的独立富强而献身的奋斗精神。不仅体现在政治、法律、道德、艺术、宗教等各种意识形态和整个上层建筑之中，而且渗透到社会生活各个方面，成为影响民族和国家命运的重要因素。

2017年10月18日，习近平总书记在党的十九大报告中指出，要加强思想道德建设。人民有信仰，国家有力量，民族有希望。要提高人民思想觉悟、道德水准、文明素养，提高全社会文明程度。广泛开展理想信念教育，深化中国特色社会主义宣传教育，弘扬民族精神和时代精神，加强爱国主义、集体主义、社会主义教育，引导人们树立正确的历史观、民族观、国家观、文化观。

爱国主义是不同时期一个永恒不变的经典话题。但爱国主义的内涵会随着时代的改变而偏向不同的方面。战争年代，外敌当前，各种阶级争权夺势，因此外抗强敌，内保统一是时代所赋予的爱国使命。在当前的和平年代，若只是保存着一颗敢打外敌的雄心，显然是不符合时代需求的。当今时代，经济全球化，竞争也全球化，如何在一个开放的时间、空间中保证国家的利益，坚持国家的观点、立场无疑才是顺应时代的做法。当然，这也是一个精神迷失、躁动不安的年代，要怎样确保国民在时代的风潮中拥有强大坚定的精神世界也是国家当权者应当考虑的问题。目前的中国依旧是一个发展中的国家，发展二字是维系国家命运的关键点，我们应该以怎样的态度、怎样的方式去参与发展？该用怎样的技巧去解决发展中存在的问题？所有的这些，都应当成为新时期爱国主义者所应该去深刻思考的议题。总之，新时期的爱国主义应当包含以下几个方面：第一，对外寻求国际性的发展与合作，扩大国家的国际地位，谋求正当利益的最大化，为经济、政治全球化的进一步深入做好铺垫；第二，对内保证国民经济的正常发展，抛弃以环境为代价的粗放的发展模式，寻求更加绿色合理的发展方式；第三，需要不断补充人民群众在过去和现在所缺乏的物质精神条件，为国家和平稳定的发展创建适宜的内部环境。

新时期的爱国主义已经不像过去那样只停留在国家的主权和尊严上了，国家的发展亦是国民的发展，国家的进步亦是国民自己的进步，爱国是爱家，也是爱自己。在新的环境背景之下，爱国主义已经扩充为不仅仅是为了国家和民族的进步，同样是为了自己更美好的生活；不仅仅局限于政治经济等核心问题，也兼顾了教育的进步、文化的繁荣、医疗卫生条件的改善、社会生活的稳定和人民生活质量的提高。

（二）爱国主义作品

爱国主义作品就是以展现爱国主义精神为主要内容的文化艺术作品。中国的爱国主义作品是中国先进文化的代表，是传承民族精神的纽带，是启迪美好心灵的火炬，对塑造民族文化、弘扬正气有着重要意义。爱国主义作品展现了中华民族自古以来的民族气节和大义，不畏强权、坚定不移的民族信念；优秀的爱国主义作品具有生动、直观、感染力强的特点，有着健康向上、催人进取的思想内涵。

爱国主义是中国艺术世代相传的神圣主题。爱国诗篇以对祖国土地的忠诚与挚爱，对民族兴亡的责任感与献身精神，摇撼着代代读者的心。一个中国人，甚至包括一些并不识字的人，无论命运将他抛到哪里，一首《我的祖国》就能激起多少华夏子孙报效祖国的热望和激情。面对《江山如此多娇》，可以激发读者的多少想象，自豪之情油然而生。许多中国人，在抗日烽烟中都曾无数次低吟过艾青的名篇《假如我是一只鸟》。

二、审美教育与爱国主义作品

（一）审美教育

美是指能够使人产生积极的情感体验，继而促使人的精神发生积极变化的事物属性。积极的情感体验具体表现为情感愉悦、身心放松和感觉舒适等；积极的精神变化具体是指人在获得审美体验之后，或是产生了对审美对象的喜爱之情，或是产生了对美好生活的憧憬，或是精神得到了振奋，或是心中有了一种信念等。

为什么说美是事物的属性呢？因为美是依赖于事物而存在的，当事物不存在时，其能够表现出来的个性美也就随之消失。当然，如果事物在人的记忆中留下了深刻的印象，其个性美也相应会留下一些记忆，能够使人在回忆中体验到一些美感。

当人们看到鸳鸯双栖、彩蝶双飞的情景时，首先产生一种直觉上的美感，继而会由物及人，联想到两个人相恋相依、相伴相随的美好情景。当眼前的情景消失后，人们的直觉美感会随之消失，联想活动也会很快终止，经验性知觉美感也会随之消失。

积极性是区分美与丑的根本标准。如果一件事物或一种行为在被人们认知之后，能使人的情感和精神发生积极的变化，那么，它就是美的。反之，如果使人的情感或精神发生消极变化，它就是丑的。

由于美是事物的属性，事物无处不在，美也随处都有。美不仅易于为人们所感知和理解，能够直接唤起人们的情感体验，而且可以引导人的感情倾向，使人对于美的事物产生喜爱之情。在同一文化背景下，人们的审美观具有高度的趋向性，这为生活美、艺术美和技术美等美的创造确立了约定俗成的标准。概括起来讲，美的特点主要表现在从属性、直觉性、认同性、积极性、时空性。

在现实生活中，我们时时处处都能感受到美的存在，只是感受的途径和方式有所不同——有的是看到的、有的是听到的、有的是品尝到的、有的是触摸到的，还有的是通过想象和联想体会到的。美的表现形式不同，人们欣赏美的方式和方法不同，获得的审美体验也各有不同。美的表现形式主要包括：视觉形象、真实情境、文化意象、感官知觉、心理感受。

因为美没有主体性，只有从属性。美的分类一般是按照其属性来分类的。美主要分为自然美、生活美、艺术美、文字美、辞章美和技术美六大类。

（二）审美教育的内涵及作用

审美教育又称美育，它是以人对事物的审美判断与情感体验为基础，借助于各种事物之美对人进行积极的影响，从而实现人格塑造的一种教育。因为美育的形式生动活泼，美育的过程轻松愉快，所以，美育教育一般都能使人乐于接受，教育效果十分显著。

对于个人而言，美育不仅能够焕发生活热情、激励精神、培养志趣和优化心性，而且能够丰富思想和提升创造力。对于学校来讲，美育搞得好，学生的志趣高雅，行为偏差会大大降低。与此同时，美育搞得好，各种文艺活动也易于开展，校园气氛活跃，教学秩序会更好。具体来讲，表现在以下几个方面：

1. 美育对学生发展的作用

因为美育是一种乐在其中的教育，不仅能够使人心情愉快，唤起人的生活热情，而且能够激励人的精神。培养人的情志。各种审美对象都具有唤起人的想象与联想的作用，因此，美育可以活跃人的思想，培养和提高人的创造力。总的来讲，美育对于学生的发展具有以下五个作用。

（1）激发热情

美育一般都是把事物美好的一面展示给人看，使人在获得审美享受的同时，感到生活是美好的，因而极易唤起人的生活热情，使人热爱生活，更有激情地生活。通过积极的审美活动，人们不仅能够看到生活的美好，而且可以感受到人生的精彩，从而更加热爱生活、热爱生命，更好地生存和生活。因为热爱生活，便会懂得生活，就会生活得更好。例如，观看舞蹈表演，看舞者无忧无虑、欢快地舞蹈时，我们不仅会倍感轻松，而且精神会受到鼓舞。

（2）陶冶情操

美育活动通过唤起人们的美感体验，改变人的心境、纯洁人的灵魂、陶冶人的性情，使人以更加积极的心态，更加乐观地生活。美育还可以提高人们对美和丑的判断能力（即审美能力），增强人们的生活趣味等。以音乐欣赏为例，音乐对人的性情有极大的陶冶作用，会使人成为一个感情丰富的人，一个有格调和品位的人，一个富有同情心的人。工作之暇，茶余饭后，静下心来听一首歌，进入歌词的意境，不仅能陶冶我们的性情，而且能释放工作和生活压力，使我们身心清爽，感受到生活的美好。

（3）激励精神

当人们在审美实践中获得强烈的情感体验，生活热情被唤起之后，会自然而然地产生对美好生活的向往之情。有了对美好生活的向往之情，人的进取意识随之产生或增强，精神会得到激励和焕发。

（4）丰富和提升思想

在美育所利用的各种审美元素中，具有文化内涵的占绝大多数。例如，各种花卉大多都有花语，借助各种事物形象，以表达其寓意或象征意义等。因此，美育不仅可以丰富文化知识，而且可以提升思想。

（5）提升创造力

美育活动都是以美好的事物形象或情境为基础展开的。美育所利用的事物形象或意境一般都能触发欣赏者的联想，引发其想象，使欣赏者的思维能力得到发展，创造能力得以提升。因为在美育活动中，人的心情是轻松愉快的，在这种状态下，思维是十分活跃的。因此，美育有利于学生思维的发展和创造力的提升。

2. 美育对学校发展的作用

美育不仅能够使学生的志趣变得高雅，使其脱离低级趣味，而且可以增强学校的美丑和荣辱意识，减少其行为偏差，使学校管理的难度大大降低。学生的审美能力增强，校园气氛活跃，学生生活热情高涨，进取意识增强，德智教育的效果也会显著提高。概括来讲，美育对学校发展具有以下四个方面的作用。

（1）降低学校管理成本

在文化融合的背景下，学生的思想十分活跃。大多数同学在学习阶段都不同程度地承受过各种压力，有一部分人心态已不再平和，思想不再单纯。在这种情况下，越是说教，越容易加重其逆反心理，从而导致管理成本的增加。

美育通过唤起人的生活热情、修复人的心灵创伤、增强人的生活信念，使人对未来充满希望，从而激励和鼓舞人的精神。与此同时，美育可以增强人分辨美丑善恶的能力，强化人的荣辱意识，美化人的行为，使人自觉地约束自己。因此，美育课开得好，学生自我完善意识和进取意识会大大增强，违纪现象将会大大减少。学生管理的难度降低，维护校园秩序和环境等的各种管理成本也会大大降低。

（2）优化内部人文环境

学校内部的人文环境不仅影响着师生的情绪和精神状态，而且直接影响着教育教学质量，特别是德育质量。美育搞得好，学生的审美意识增强，志趣变得高雅，就会自觉地远离低级趣味的东西，积极参与各种文化活动。学校内部的各种文化活动不仅容易开展，更容易收到良好的效果。内部文化活动多了，不仅校园气氛活跃，师生热情高涨，而且人际关系会更加和谐，校园秩序会更好。

（3）提高培养质量

高等教育的根本任务是将学生培养成具有创造性工作能力的人。为了实现这个目标，基本的知识传授是必要的，但创造性思维能力的培养更为重要。没有创造性的思维能力，知识很难转化为能力。

一个人创造性思维能力的形成主要依赖于两个基础：一是丰富的感性积累，二是大量的想象与联想活动。美育不仅以各种事物形象和情境为基础，在丰富大学生的感性积累方面效果十分显著；而且时刻伴随着想象与联想活动，能够有效地培养和提高大学生的创造性思维能力。也就是说，美育课开得好，能够有效地增进智育效果，提高人才培养质量。

（4）增强发展后劲

一个学校有没有发展后劲，人文积淀和口碑是十分关键的。美育搞得好，师生乐在其中，校园秩序井然，不仅可以形成良好的校风，而且可以优化学校人文氛围，增加人文积淀。更为重要的是，美育抓得好，学生的热情被唤起，精神被激励，信念被强化，这样更容易使其成才。学生成才以后，他们会感恩母校、赞誉母校、回报母校，学校发展的后劲也会更足。

（三）审美教育与爱国主义作品

审美教育与爱国主义作品的关系，就是通过精心选择优秀的爱国主义作品来进行审美教育。具体来讲，就是通过对爱国主义作品的理解、体会、赏析及模仿、传唱等，形成学生的审美判断与情感体验并产生积极影响，从而实现爱国主义精神内化的一种教育。通过爱国主义作品进行审美教育，可以激发师生的爱国主义热情，陶冶爱国主义情操，激励爱国主义精神，提升爱国主义思想，将爱国主义意识根植于学生的灵魂深处，从而使他们形成爱国主义的是非判断标准，并通过努力工作为祖国的繁荣富强贡献自己的力量。

三、爱国主义美育作品导读学习方法

第一，深入体会，品读作品。本书以近代以来的爱国主义的文学、美术、音乐作品为主，部分选取国家领导人的经典作品选文，这些作品都是对中国的独立、社会主义建设产生了重大作用的，因此要反复细读、深入体会。

第二，满怀激情，研读作者。爱国主义作品包含着作者丰富的感情，在特定的时空中表达对祖国的热爱。因此，想要理解作品的内涵，需要读者对作者的思想进行深入的理解，体会作者创作的时代背景及其在作者心中激起的汹涌情感。

第三，知行合一，边学边习。古代的习为“習”，形象地描述出小鸟练习飞翔时露出翅膀下白色羽毛的情景，意思是不断地练习。学习《爱国主义美育作品赏析》一书，尤其是美术作品和音乐作品的赏析部分，更需要师生模仿和传唱。这不仅要在讲解中理解，更要重视在模仿和传唱中体验和感受。

第四，体验感受，活动参与。爱国主义美育作品的学习，应该高度重视学生的参与，组织学生活动是应有之义。充分利用爱国主义学生活动、地方爱国主义基地，进行以集体为主的诗文朗诵、美术作品赛事、经典歌曲传唱等活动，扩大学生参与面，提升学生积极性，激发学生爱国主义情怀，形成仪式感。

第二章　爱国主义诗文选鉴

第一节　新中国成立前爱国主义诗文选鉴

一、新中国成立前的文化背景

19世纪末，中国封建社会已处于衰微崩溃的前夕。国内各种矛盾空前尖锐，社会危机四伏，清朝政府极端昏庸腐朽，中国社会逐步发生根本性变化。从这个时候开始，帝国主义与中华民族的矛盾和封建主义与人民大众的矛盾，成为近代中国历史发展的主要矛盾。为了挽救民族危亡的命运，从辛亥革命、国民革命、抗日战争、解放战争，中国人民进行了一次又一次的斗争。与此同时，“先进的中国人，经过千辛万苦，向西方国家寻找真理”，因而又有了西方文艺复兴以来各种思潮在中国的传播，为近代中国文化注入了新的内容。

文学作为社会意识形态和整个文化的重要组成部分，必然要反映中国的这些变化，并且使自己适应于这些变化，产生了以反抗列强侵略和要求挣脱封建束缚为主要内容的进步文学。五四运动以后，无产阶级登上了历史舞台，它领导的人民大众反帝反封建斗争蓬勃展开，历史已经进入了新民主主义革命时期。五四运动之后的中国现代文学，烙上了这样一种深刻的时代历史的印记。

二、代表诗文选

（一）鲁迅诗文选

鲁迅（1881—1936），原名周樟寿，后改名周树人，字豫山，后改豫才，浙江绍兴人，曾留学日本仙台医科专门学校。著名文学家、思想家、民主战士，五四新文化运动的重要参与者，中国现代文学的奠基人。“鲁迅”是他1918年发表《狂人日记》时所用的笔名，也是他影响最为广泛的笔名。毛泽东曾评价：“鲁迅的方向，就是中华民族新文化的方向。”

鲁迅一生在文学创作、文学批评、思想研究、文学史研究、翻译、美术理论引进、基础科学介绍和古籍校勘与研究等多个领域都具有重大贡献。他对于五四运动以后的中国社会思想文化发展具有重大影响，蜚声世界文坛，尤其在韩国、日本思想文化领域有极其重要的地位和影响，被誉为“20世纪东亚文化地图上占最大领土的作家”。

记念刘和珍君（节选）

真的猛士，敢于直面惨淡的人生，敢于正视淋漓的鲜血。这是怎样的哀痛者和幸福者？然而造化又常常为庸人设计，以时间的流驶，来洗涤旧迹，仅使留下淡红的血色和微漠的悲哀。在这淡红的血色和微漠的悲哀中，又给人暂得偷生，维持着这似人非人的世界。我不知道这样的世界何时是一个尽头！

我们还在这样的世上活着；我也早觉得有写一点东西的必要了。离三月十八日也已有两星期，忘却的救主快要降临了罢，我正有写一点东西的必要了。

……

时间永是流驶，街市依旧太平，有限的几个生命，在中国是不算什么的，至多，不过供无恶意的闲人以饭后的谈资，或者给有恶意的闲人作“流言”的种子。至于此外的深的意义，我总觉得很寥寥[①]，因为这实在不过是徒手的请愿。人类的血战前行的历史，正如煤的形成，当时用大量的木材，结果却只是一小块，但请愿是不在其中的，更何况是徒手。

然而既然有了血痕了，当然不觉要扩大。至少，也当浸渍[②]了亲族；师友，爱人的心，纵使时光流驶，洗成绯红，也会在微漠的悲哀中永存微笑的和蔼的旧影。陶潜[③]说过，“亲戚或余悲，他人亦已歌，死去何所道，托体同山阿[④]。”倘能如此，这也就够了。

【创作背景】《记念刘和珍君》写于1926年“三·一八”惨案之后。1926年3月，北京各学校和群众团体共约5000人举行游行集会，反对当时以日本为首的八国列强对中国提出的一系列无理要求。当时北洋军阀段祺瑞执政府害怕局势失控，命令执政府内的预伏军警以武力驱散游行队伍，结果造成当场死亡47人，伤二百多人的惨剧。死者中为人们所熟知的有北京女子师范大学学生刘和珍。

3月23日，北京各界人士、各社会团体、各学校齐聚北京大学大操场，为遇难者举行“三·一八”死难烈士追悼大会。鲁迅先生在参加了刘和珍的追悼会之后，亲作《记念刘和珍君》一文，追忆这位始终微笑的、和蔼的学生，痛悼“为中国而死的中国的青年”，歌颂“虽殒身不恤”的“中国女子的勇毅”。

【注释】①寥寥：liáo，稀少的样子。②浸渍：jìn zì，浸泡、渗透。③陶潜：即东晋诗人陶渊明。④此诗出自陶渊明《拟挽歌辞·其三》，大致意思是“一个人死了，他的亲朋中或许还有人悲伤，而其他人早已忘却而开始了歌唱。人死了又有什么可说的呢？我把此身寄托在群山中。”山阿：ē，山陵、山冈。

【赏析】文章通过赞扬刘和珍等爱国青年不畏强暴、不怕牺牲，英勇地同中外反动派作斗争的精神，揭露了反动军阀的凶残卑劣及其走狗文人的阴险无耻，同时激励革命者继续战斗。作者在愤激的呼号中显示出了强烈的反抗热情和韧战到底的战斗力量，体现作者那种一贯站在战士的血迹中坚韧地反抗着、呼啸着前进的战斗气概。

在叙事的基础上，作者沉痛、愤慨的心情贯穿全篇，而这种深沉、强烈的抒情，又与准确简练的记叙、深刻精辟的议论紧密结合，对反动政府和走狗文人的诬蔑给予有力的回击。

自　嘲

运交华盖[1]欲何求，未敢翻身已碰头。
破帽遮颜过闹市，漏船载酒[2]泛中流。
横眉[3]冷对千夫指，俯首甘为孺子牛[4]。
躲进小楼成一统[5]，管他冬夏与春秋。

【创作背景】本诗创作于1932年。20世纪20年代，鲁迅在北京时，曾被北洋军阀政府免职通缉，受到一些文人的攻击和陷害。20世纪30年代初期，鲁迅在上海，又遭受当时国民党统治者的种种威胁和迫害。当时国民党统治者一面禁止书报、封闭书店、通缉作家，一面将左翼作家逮捕、拘禁，秘密处以死刑。作者鲁迅的处境十分险恶。

据《鲁迅日记》记载，1932年10月12日，作家郁达夫与夫人王映霞在聚丰园宴请鲁迅，鲁迅有感而发，写下这首小诗。

【注释】①华盖：星座名，共十六星，在五帝座上，今属仙后座。旧时迷信，以为人的命运中犯了华盖星，运气就不好。②漏船载酒：用《晋书·毕卓传》中的典故：“得酒满数百斛（hú）……浮酒船中，便足了一生矣。”漏船：原作“破船”。中流：河中。③横眉：怒目而视的样子，表示愤恨和轻蔑。④孺子牛：春秋时齐景公跟儿子嬉戏，装牛趴在地上，让儿子骑在背上。这里比喻为人民大众服务，更指小孩子，意思是说鲁迅把希望寄托在小孩子身上，就是未来的希望。⑤成一统：躲进小楼，便是我的天下了。

【赏析】“运交华盖欲何求，未敢翻身已碰头。”其中“运交华盖”是说生逢豺狼当道的黑暗社会，交了倒霉的坏运。“欲何求”“未敢”都带有反语的意味，是极大的愤激之词，反衬出当时国民党统治者的残暴，形象地描画和揭示了一个禁锢得像密封罐头那样的黑暗社会，概括了作者同当时国民党的尖锐的矛盾冲突。表明他对当时国民党统治者不抱任何幻想，对当时的政治环境极端蔑视和无比的憎恨。由此衬托无产阶级战士不畏强暴、碰壁不回的革命精神。

（二）郭沫若诗文选

郭沫若（1892—1978），原名郭开贞，字鼎堂，号尚武，乳名文豹，笔名沫若、麦克昂、郭鼎堂、石沱、高汝鸿、羊易之等。1892年11月16日出生于四川乐山，毕业于日本九州帝国大学，现代文学家、历史学家、文字学家、新诗奠基人之一，中国科学院首任院长、中国科学技术大学首任校长。

早在五四运动时期，郭沫若就以充满革命激情的诗歌创作，歌颂人民革命，歌颂社会主义和共产主义，开一代诗风，成为我国新诗歌运动的奠基者。他创作的历史剧，是教育人民、打击敌人的有力武器。郭沫若在学术的若干领域，特别是在中国诗歌史上，在中国古史研究、古文字研究方面所取得的成就都是辉煌的、巨大的。

炉中煤——眷念祖国的情绪

一

啊，我年青的女郎！
我不辜负你的殷勤，
你也不要辜负了我的思量。
我为我心爱的人儿。
燃到了这般模样！

二

啊，我年青的女郎！
你该知道了我的前身？
你该不嫌我黑奴[①]卤莽[②]？
要我这黑奴的胸中，
才有火一样的心肠。

三

啊，我年青的女郎！

我想我的前身
原本是有用的栋梁，
我活埋在地底多年，
到今朝才得重见天光。

四

啊，我年青的女郎！
我自从重见天光，
我常常思念我的故乡，
我为我心爱的人儿
燃到了这般模样！

【创作背景】本诗是郭沫若在日本留学时创作的一首新诗，写于1920年，首次发表在1920年2月3日《时事新报·学灯》上。当时诗人虽远在日本，却时时刻刻关注着祖国发生的一切。汹涌澎湃的五四运动浪潮同样冲击着他。他后来说："'五四'以后的中国，在我的心目中就和我的爱人一样。《炉中煤——眷念祖国的情绪》便是我对于她的恋歌。"

【注释】①黑奴：诗人以"煤炭"自喻，不只是表现自己身份、地位之低下和性格的粗犷，还寄寓着对被压迫、被奴役的下层人民的同情和歌颂。②卤莽：也作"鲁莽"，冒失。

【赏析】《炉中煤》是一首饱含眷念祖国情绪的抒情诗。这首诗就采取拟人的手法，用"炉中煤"的口吻向"心爱的人儿"祖国倾诉衷肠，抒发了对祖国的强烈热爱之情，表达了甘愿为祖国献身的愿望。

凤凰涅槃（节选）

序曲

除夕将近的空中，
飞来飞去的一对凤凰，
唱着哀哀的歌声飞去，
衔着枝枝的香木飞来，
飞来在丹穴山上。

山右有枯槁了的梧桐，
山左有消歇了的醴泉①，
山前有浩茫茫的大海，

山后有阴莽莽的平原，
山上是寒风凛冽[2]的冰天。

天色昏黄了，
香木集高了，
凤已飞倦了，
凰已飞倦了，
他们的死期将近了。

凤啄香木，
一星星的火点迸飞。
凰扇火星，
一缕缕的香烟上腾，
凤又啄，
凰又扇，
山上的香烟弥散，
山上的火光弥满。
……

哀哀的凤凰！
凤起舞、低昂！
凰唱歌，悲壮！
凤又舞，
凰又唱，
一群的凡鸟[3]，
自天外飞来观葬。
……

鸡　鸣

昕潮[4]涨了，
昕潮涨了，
死了的光明更生了。

春潮涨了，
春潮涨了，
死了的宇宙更生了。

生潮涨了，

生潮涨了，

死了的凤凰更生了。

凤凰和鸣

我们更生了。

我们更生了。

一切的一，更生了。

一的一切，更生了。

我们便是“他”，他们便是我。

我中也有你，你中也有我。

我便是你，

你便是我。

火便是凰。

凤便是火！

【创作背景】本诗写于1920年，受五四运动的感召，用诗人自己的话来说，他在1919—1920年，因“个人的郁积，民族的郁积，在这时找出了喷火口，也找出了喷火的方式。”诗人以火山喷发式的情感，写出了一系列浪漫主义抒情诗作，后集成《女神》诗集。《凤凰涅槃》为《女神》诗集中的一篇。

【注释】①醴泉：lǐ，美酒。②凌冽：líng liè，寒冷刺骨。③凡鸟：这里指除了凤凰之外的其他鸟儿。④昕潮：昕，xīn，黎明。昕潮即是黎明之潮，光明之潮。

【赏析】《凤凰涅槃》是《女神》中的代表作，是一首时代的颂歌。诗人把祖国比喻成凤凰，借助于对凤凰传说的改造与新阐述，郑重宣告民族在“死灰中更生”的新时代已经到来。郭沫若就曾明白地告诉读者“我的那篇《凤凰涅槃》，便是象征着中国的再生”，同时，也是“我自己的再生”。

（三）毛泽东诗文选

毛泽东（1893—1976），字润之（原作咏芝，后改润芝），笔名子任。湖南湘潭人。中国人民的领袖，马克思主义者，伟大的无产阶级革命家、战略家和理论家，中国共产党、中国人民解放军和中华人民共和国的主要缔造者和领导人，诗人，书法家。毛泽东被视为现代世界历史中最重要的人物之一，《时代》杂志也将他评为20世纪最具影响力的100位人物之一。

采桑子·重阳

人生易老天难老，岁岁重阳。今又重阳，战地[①]黄花[②]分外香。

一年一度秋风劲，不似春光。胜似春光，寥廓[③]江天万里霜。

【创作背景】此词作于1929年的重阳节（10月11日）。当时，毛泽东在上杭县城的临江楼上养病，重阳佳节来到，院子里的黄花如散金般盛开。此时毛泽东已经离开红四军的领导岗位，他的梦想和现实再一次发生了位移，因而作了此词。

【注释】①战地：这里指闽西农村根据地，当时这里外有敌人包围，内有地主民团的扰乱。②黄花：菊花。③寥廓：指宇宙的广阔，也指广阔高远。

【赏析】此词以极富哲理的警句“人生易老天难老”开篇，起势突兀，气势恢宏。“人生易老”是将人格宇宙化，韶光易逝，人生短促，唯其易逝、短促，更当努力进取，建功立业，莫让年华付流水。“岁岁重阳”承首句而来，既是“天难老”的进一步引申，又言及时令，点题明旨，引起下文：“今又重阳，战地黄花分外香”。“今又重阳”是“岁岁重阳”的递进反复，年年都有重阳节，看似不变，其实也在变，各不相同：如今又逢佳节，此地别有一番风光。下片承“岁岁重阳”“今又重阳”的意脉，写凭高远眺，将诗的意境向更深更阔处开拓。岁岁有重阳，秋去又秋来，“一年一度秋风劲”，这个“劲”字，力度极强，写出秋风摧枯拉朽、驱陈除腐的凌厉威猛之势，笔力雄悍，极有刚健劲道之美。整首词有情有景，有色有香，熔诗情画意、野趣、哲理于一炉，形成生机盎然的诗境，既歌颂了土地革命战争，又显示了作者诗人兼战士豪迈的情怀。以壮阔绚丽的诗境、昂扬振奋的豪情，唤起人们为理想而奋斗的英雄气概和高尚情操。

忆秦娥[①]·娄山关[②]

西风烈，长空雁叫霜晨月。霜晨月，马蹄声碎，喇叭声咽[③]。

雄关漫道[④]真如铁[⑤]，而今迈步从头越。从头越，苍山如海，残阳如血。

【创作背景】此词写于1935年2月，最早发表于1957年1月的《诗刊》上。1935年2月25日凌晨，红军向娄山关挺进，在红花园与黔军遭遇，傍晚时分终于把这座雄关控制在手中，使大部队顺利通过。由于这一仗意义重大，所以诗人心情无比激动，在战斗结束不久即挥笔写下此词。

【注释】①忆秦娥：词牌名，源于李白的词句“秦娥梦断秦楼月”。②娄山关：又称娄关、太平关，位于贵州遵义北大娄山的最高峰上，是贵州北部进入四川的重要隘口。③喇叭声咽：喇叭，一种管乐器，即军号。咽，呜咽、幽咽，声音因阻塞而低沉。④漫道，徒然说，枉然说。⑤真如铁：坚硬如铁一般。

【赏析】综观全词，上阕写景，下阕抒情，景中含情，情中又有景，情景一体，水乳交融。而且其结构的独特之处还在于上阕沉郁，下阕激昂，上阕取冷色调，下阕取暖色调，色彩对比强烈，感情对比也同样强烈，上下阕的强烈对比，恰恰反映了作者的乐观主义精神和作为一代伟人指挥若定的气魄。通篇只有46个字，篇幅虽短，但雄奇悲壮，气势如虹，寥寥数笔，“分量”很重，像一幅出自大师手笔的简笔画，笔简而意无穷，勾勒出一幅雄浑壮阔的冬夜行军图，表现了作者面对失利和困难从容不迫的气度和胸怀。

星星之火　可以燎原（节选）

……

因为外货的压迫、广大工农群众购买力的枯竭和政府赋税的加重，使得国货商人和独立生产者日益走上破产的道路。因为反动政府在粮饷不足的条件之下无限制地增加军队，并因此而使战争一天多于一天，使得士兵群众经常处在困苦的环境之中。因为国家的赋税加重，地主的租息加重和战祸的日广一日，造成了普遍于全国的灾荒和匪祸，使得广大的农民和城市贫民走上求生不得的道路。因为无钱开学，许多在学学生有失学之忧；因为生产落后，许多毕业学生无就业之望。如果我们认识了以上这些矛盾，就知道中国是处在怎样一种皇皇不可终日的局面之下，处在怎样一种混乱状态之下。

…………

马克思主义者不是算命先生，未来的发展和变化，只应该也只能说出个大的方向，不应该也不可能机械地规定时日。但我所说的中国革命高潮快要到来，决不是如有些人所谓“有到来之可能”那样完全没有行动意义的、可望而不可即的一种空的东西。它是站在海岸遥望海中已经看得见桅杆尖头了的一只航船，它是立于高山之巅远看东方已见光芒四射喷薄欲出的一轮朝日，它是躁动于母腹中的快要成熟了的一个婴儿。

【创作背景】1927年国民革命失败以后，党的工作重点由城市转入农村，国民革命暂时进入低潮，毛泽东同志领导建立了第一个农村革命根据地——井冈山根据地。但是，当时党内有“左”倾思想的人，仍幻想以大城市为中心举行武装起义；而以林彪为代表的有悲观思想的右倾机会主义者，在强敌进攻面前，怀疑革命根据地发展的前途，提出了“红旗到底能打多久”的疑问。他们不相信革命高潮很快就要到来，不愿经过艰苦奋斗创建农村革命根据地，主张用轻便的流动游击方式去扩大政治影响，等到全国各地争取群众的工作做好了，再来一次全国武装起义。

1930年1月5日，毛泽东为了批判党内存在的悲观思想，给林彪写了一封信，这封信后来收入《毛泽东选集》第一卷中。

【赏析】毛泽东在信中批评了林彪的错误思想，运用唯物辩证法，科学地分析了国内政治形势和敌我力量对比，批判了夸大革命主观力量的盲动主义和看不到革命力量发展的悲观思想，认为这是“于中国革命的实情不适合的”。信中充分估计了建立和发展红色政权在中国革命中的意义和作用，提出了农村包围城市、武装夺取政权的思想。明确指出：“红军、游击队和红色区域的建立和发展，是半殖民地中国在无产阶级领导之下的农民斗争的最高形式”，“是促进全国革命高潮的最重要因素”。

毛泽东在给林彪的这封信中，实际上已经开始形成了以农村包围城市，然后夺取城市的思想，这是在中国这样一个半殖民地半封建的东方大国里进行革命斗争所作出的新结论，是对马克思主义关于武装夺取政权理论的重大发展。

毛泽东其他诗文选读存目

《毛泽东诗词选》

沁园春·雪

沁园春·长沙

七律·长征

卜算子·咏梅

浪淘沙·北戴河

菩萨蛮·大柏地

七律·有所思

七绝·观潮

《毛泽东选集》（第一卷）

中国社会各阶级的分析

湖南农民运动考察报告

中国共产党在抗日时期的任务

为争取千百万群众进入抗日民族统一战线而斗争

《毛泽东选集》（第二卷）

论持久战

统一战线中的独立自主问题

青年运动的方向

关于国际新形势对新华日报记者的谈话

纪念白求恩

《毛泽东选集》（第三卷）

在延安文艺座谈会上的讲话

为人民服务

文化工作中的统一战线

《毛泽东选集》（第四卷）

关于目前国际形势的几点估计

在中国共产党第七届中央委员会第二次全体会议上的报告

论人民民主专政

别了，司徒雷登

其他著作

中国人民站起来了

人民英雄们永垂不朽

永远保持艰苦奋斗的作风

在中国共产党全国代表会议上的讲话

论十大关系

坚持艰苦奋斗，密切联系群众

一切反动派都是纸老虎

告台湾同胞书

（四）其他作家诗文选

大江歌罢掉头东

周恩来

大江①歌罢掉头东，邃密②群科③济世穷④。

面壁十年图破壁⑤，难酬⑥蹈海⑦亦英雄。

【作者简介】周恩来，字翔宇，曾用名伍豪等，原籍浙江绍兴，生于江苏淮安。伟大的马克思主义者，中国无产阶级革命家、政治家、军事家、外交家，中国共产党和中华人民共和国的主要领导人，中国人民解放军主要创建人和领导人。他是以毛泽东同志为核心的党的第一代中央领导集体的重要成员，在国际上也享有很高威望。

【创作背景】1917年，19岁的周恩来怀揣着“为中华之崛起而读书”的远大理想去日本求学。1919年国内革命形势愈演愈烈，21岁的周恩来毅然回国，加入革命。此诗正是他在回国前夕，书写赠予饯行的同窗好友张鸿诰等人的。

【注释】①大江：宋代文学家苏轼《念奴娇·赤壁怀古》开篇有“大江东去，浪淘尽，千古风流人物”之句，在这里泛指气势豪迈的歌曲。②邃密：深入、细致，这里是精研的意思。③群科：辛亥革命前后曾称社会科学为群学。群科，即社会科学。一说是各种科学。④济世穷：挽救国家的危亡。济，拯救，变革；世，社会，国家；穷，濒临绝境，危亡。⑤破壁：这里表示学成之后，像破壁而飞的巨龙一样，为祖国和人民做一番大事业。⑥难酬：难以实现，目的达不到。⑦蹈海：投海。

【作品赏析】全诗感情强烈，气势豪迈，充分表现了作者青年时代力图“破壁而飞”的凌云壮志和献身救国事业的革命精神。朱有华在《周恩来与诗》中如此评价：“此诗壮怀激烈、催人奋进、流传极广。看其气势、品其韵味，很难想象，这是周恩来19岁时的作品。”近现代革命先驱为挽救陷于危难的中国，他们的志向都是非常高瞻而伟岸的，他们绝不因个人的利益而短视，也不因功利的目的而委琐，他们具有义薄云天的豪气，具有敢作敢为、为国捐躯的勇气与胆识。

梅岭三章

陈　毅

断头今日意如何？创业艰难百战多。
此去泉台招旧部，旌旗十万斩阎罗。
南国烽烟正十年，此头须向国门悬。
后死诸君多努力，捷报飞来当纸钱。
投生革命即为家，血雨腥风应有涯。
取义成仁今日事，人间遍种自由花。

【作者简介】陈毅，字仲弘，四川省乐至县人。无产阶级革命家、军事家、外交家，中国人民解放军的创建人和领导人。1923年加入中国共产党，1955年被授予中华人民共和国元帅军衔。主要著作分别收入《陈毅军事文选》《陈毅诗词选集》。

【作品赏析】《梅岭三章》是中国共产党人陈毅在梅岭被国民党四十六师围困时创作的七言绝句组诗作品。陈毅虽然处在危难之际，但献身革命的决心和对革命必胜的信心却矢志不移。他的革命乐观主义精神，成为中华民族的宝贵精神财富，激励着一代又一代中华儿女为中华民族的伟大复兴艰苦创业，勇往直前，成为爱国主义教育和革命传统教育的生动教材。

（五）左翼作家诗文选

1. 成立背景

中国左翼作家联盟，简称左联，是中国共产党于20世纪30年代在上海领导创建的一个文学组织，目的是与中国国民党争取宣传阵地，吸引广大民众支持其思想。左联的旗帜人物是鲁迅。

1930年3月2日，在中国共产党组织的努力下，左联在上海中华艺术大学举行了成立大会。在成立大会上，鲁迅先生作了题为《对于左翼作家联盟的意见》的讲话，第一次提出了文艺要为“工农大众”服务的方向，并且指出左翼文艺家一定要和实际的社会斗争接触。1936年春，根据形势的需要，为了建立文艺界抗日民族统一战线，左联自动解散。虽然左联的历史不过短短6年，但是它以在当时的巨大作用以及对后世的深远影响，成为了中国革命文学史上的丰碑 。

2. 代表作家

左联的领导机构，起初是常务委员会，后改称执行委员会（或两者同时并存），设秘书处，有行政书记负责日常工作。下设组织部、宣传部、编辑部、出版部、创作批评委员会、大众文艺委员会、国际联络委员会等。担任过左联领导工作的，除成立大会选出的常务委员之外，后来还有茅盾、冯雪峰、柔石、丁玲、胡风、以群、任白戈、夏征农、徐懋庸、何家槐、林淡秋等。左联内有中国共产党的组织“党团”，先后担任党团书记的有潘汉年、冯乃超、冯雪峰、阳翰笙、丁玲、周扬、戴平万等。在组织上，左联接受中共中央宣传部文化工作委员会（简称“文委”）的领导。

代表作家有：鲁迅、茅盾、郭沫若、周扬、田汉、蒋光慈、戴望舒、端木蕻良、萧红、柔石、沙汀、谢冰莹、徐懋庸、阳翰笙、郁达夫、丁玲、夏衍等。

3. 社会影响

左联领导的左翼文艺运动，在创作方面取得巨大成就。革命作家在左联刊物和其他进步刊物上发表了大量作品，鲁迅的《故事新编》及他和瞿秋白的杂文，茅盾的《子夜》《林家铺子》《春蚕》，蒋光慈的《咆哮了的土地》，丁玲、张天翼、叶紫等人的小说，田汉、洪深、夏衍等人的剧作，中国诗歌会诸诗人的诗歌，都以其思想上艺术上新的拓展显示了左翼文艺的实绩，产生了广泛的影响。在左联的培养下，涌现了沙汀、艾芜、叶紫、周文、蒋牧良、艾青、蒲风、聂绀弩、徐懋庸等一批文学新人。他们给文坛带来许多生气勃勃的作品，成为20世纪30年代文坛上活跃的力量。创作方面的巨大成就还在于出现了许多新的具有重大社会意义的题材和主题。革命者在白色恐怖下的英勇斗争，工人群众对资本家剥削的猛烈反抗成为许多作品描写的内容。农村生活和斗争的题材也进入了许多作家的创作视野，不少作品以真实生动的艺术画幅反映了农村贫困破产的景象，显示了广大农民的觉醒和斗争。此外，20世纪30年代动荡不安的城市生活也在文学作品中得到了真实、集中的反映。所有这些作品都体现着强烈而鲜明的时代色彩。

战

柔　石

尘沙驱散了天上的风云，
尘沙埋没了人间的花草；
太阳啊，呜咽在灰黯的山头，
孩子呀，向着古洞深林中奔跑！

陌巷与街衢，
遍是高冠大面者的蹄迹，
肃杀严刻的兵威，
利于三冬刺骨的飞雪！

真的男儿呀，醒来罢，
炸弹！手枪！
匕首！毒箭！
古今武器，罗列在面前。
天上的恶魔与神兵，
也齐来助人类战，
战！
火花如流电，
血泛如洪泉，
骨堆成了山，
肉腐成肥田。
未来子孙们的福荫之宅，
就筑在明月所清照的湖边。

呵！战！
剜心也不变！
砍首也不变！
只愿锦绣的山河，
还我锦绣的面！
呵！战！
努力冲锋，
战！

【作者简介】柔石（1902—1931），浙江台州人。本名赵平福，是民国时期著名作家、翻译家、革命家，中国共产党员，左联五烈士之一。柔石一生积极从事新文化运动，唤醒民众忧国忧民的革命意识，代表作品有短篇小说集《疯人》《希望》，中篇小说《三姊妹》《二月》《为奴隶的母亲》等。主办《朝花》《语丝》等进步期刊杂志。1931年因叛徒出卖，遭国民党军警逮捕后与殷夫、欧阳立安等23位同志被秘密杀害。

愿春天早点来

艾　青

我走出用纸糊满窗格的房子
站立在阴暗的屋檐下
看着田野
黄色的路
从门前经过
一直伸到天边
畏缩这严寒
对于远方的旅行
我踌躇了
而且
池沼依然凝结着冰层
山上依然闪着残雪的白光
而且
天依然低沉
——明天恐怕还要下雪呢
于是，从我的心头
感到了
使我瑟缩的凉意
为了我的烦忧
我希望：
春天
它早点来
等路旁吐出一点绿芽时
我将穿上芒鞋

去寻觅温暖

【作者简介】艾青（1910—1996），原名蒋正涵，号海澄，曾用笔名莪加、克阿、林壁等。出生于浙江金华，现当代文学家、诗人。

1928年中学毕业后考入国立杭州西湖艺术院。1933年第一次用笔名发表长诗《大堰河——我的保姆》。1932年在上海加入中国左翼美术家联盟，从事革命文艺活动。1935年，出版了第一本诗集《大堰河》。1957年被错划为右派。曾赴黑龙江、新疆生活和劳动，创作中断了二十余年。1979年后，任中国作家协会副主席、国际笔会中心副会长等职。1985年获法国文学艺术最高勋章。

1996年5月5日凌晨4时15分因病逝世，享年86岁。艾青被认为是中国现代诗的代表诗人之一。主要作品有《大堰河——我的保姆》《艾青诗选》。

左翼作家小说存目

鲁迅　《故事新编》

茅盾　《子夜》《林家铺子》

蒋光慈　《咆哮了的徒弟》

丁玲　《太阳照在桑干河上》《莎菲女士的日记》

张天翼　《华威先生》《鬼土日记》

叶紫　《丰收》《火》

沙汀　《困兽记》《还乡记》

艾芜　《南行记》《山野》《百炼成钢》

（六）赵树理小说节选

赵树理（1906—1970），原名赵树礼，山西晋城人，现代小说家、人民艺术家，“山药蛋派”创始人。曾任《曲艺》《人民文学》编委，中国共产党第八次代表大会代表，全国人民代表大会第一、二、三届代表。

赵树理出生在山西省晋城市沁水县的一个贫苦农民家庭，1925年夏考入山西省立长治第四师范，开始写新诗和小说。1937年加入中国共产党，投身革命。新中国成立后先后在《工人日报》《说说唱唱》《曲艺》《人民文学》等刊物工作，1964年回山西晋城工作。《小二黑结婚》为其代表作。他的小说多以华北农村为背景，反映农村社会的变迁和存在其间的矛盾斗争，塑造农村各式人物的形象，开创的文学“山药蛋派”，成为新中国文学史上最重要、最有影响的文学流派之一。

《小二黑结婚》内容简介

1942年，山西某抗日根据地的山村刘家峻里，能干帅气的民兵队长小二黑与同村聪明伶俐的姑娘于小芹相爱了，村里的人们都认为这是最般配的一对。但是小二黑的父亲“二诸葛”和小芹的母亲“三仙姑”，这村里的两位神仙却反对他们的结合。

“二诸葛”是个抬手动脚都要算一算命的人，绰号“不宜栽种”。他说小二黑和小芹命相不对。一贯风流的“三仙姑”绰号“米烂了”，是村里有名的“老来俏”。她喜欢笼络一帮青年在自己周围，青年们却喜欢和她女儿小芹在一起，这让三仙姑心里很不对味。小二黑这个孩子在三仙姑看来好像鲜果，可惜多一个小芹，就没了自己的份。因此她给小芹找了个死了老婆的退职军官，收了人家不少彩礼，并说这是前世姻缘。“二诸葛”也为小二黑寻下一个八九岁的小姑娘作童养媳。但两个恋爱中的青年却不认账。小二黑对父说：“你愿意养你就养，反正我不要。”小芹把母亲收的彩礼扔了一地，对母亲说：“我不管！谁收了人家的东西谁跟人家走！”

村里的恶霸金旺兄弟伪装积极混进了村政府，兴旺被选为武委会主任，金旺被选为村政委员，连金旺老婆也被选为妇救会主席。村里的事几乎由他们两个人调遣，大家对他两个虽是恨之入骨，可是谁也不敢说半句话，都恐怕扳不倒他们，自己吃亏。金旺对小芹的美貌早已垂涎三尺，但自从碰了小芹的钉子以后，怀恨在心，总想设法报一报仇。一天晚上，小二黑和小芹相约到村外的砖窑里商量第二天到区上登记。他们悄悄尾随而来，将这对情人双双拿住，企图诬告他们。小二黑却一点也没有畏惧，他是理直气壮的，因为他“打听过区上的同志，人家说只要男女本人愿意，就能到区上登，别人谁也做不了主”。果不其然，一到区上，两个人就被放了，倒是金旺兄弟两个被押了起来，区上早就听说他们为非作歹，不是东西。两个神仙也被传了来，“二诸葛”拼命哀求区上，不要让小二黑和小芹结婚，说命相不对是一辈子的大事。然而如今这一套老迷信可是越来越不时兴了，经过领导的教育，“二诸葛”只好收起那一套封建迷信之说。“三仙姑”到区上来却出现了戏剧性的场面：她那一身花里胡哨的打扮引起了众人的围观，直把她窘得恨不得找个地缝钻进去。惭愧尚且无暇，自然再顾不上反对儿女的婚事了。小二黑和小芹幸福地结了婚。两位“神仙”也多了个新绰号：三仙姑叫‘常世姻缘”，二诸葛叫“命相不对”。

《李有才板话》内容简介

抗战时期，地主阎恒元把持了敌后根据地阎家山的村政权，村干部贪污盗窃，营私舞弊，欺压群众，却居然骗取了“模范村”荣誉。李有才带领小字辈，以“快板诗”为武器，同他们进行智斗，并取得胜利。作品采用有说有唱、夹叙夹议的板话形式，生动活泼。

第二节　建设时期爱国主义诗文选鉴

20世纪五六十年代的诗歌创作继承了解放区诗歌的传统，这一时期的诗歌创作在社会功用上得到了空前强化，高度强调民族特色，出现了政治抒情诗，充分体现出时代的激情，以贺敬之、郭小川为代表。

甘蔗林——青纱帐

郭小川

南方的甘蔗林哪，南方的甘蔗林！
你为什么这样香甜，又为什么那样严峻？
北方的青纱帐啊，北方的青纱帐！
你为什么那样遥远，又为什么这样亲近？

我们的青纱帐哟，跟甘蔗林一样地布满浓荫，
那随风摆动的长叶啊，也一样地鸣奏嘹亮的琴音；
我们的青纱帐哟，跟甘蔗林一样地脉脉情深，
那载着阳光的露珠啊，也一样地照亮大地的清晨。

肃杀的秋天毕竟过去了，繁华的夏日已经来临，
这香甜的甘蔗林哟，哪还有青纱帐里的艰辛！
时光象泉水一般涌啊，生活象海浪一般推进，
那遥远的青纱帐哟，哪曾有甘蔗林的芳芬！

我年青时代的战友啊，青纱帐里的亲人！
让我们到甘蔗林集合吧，重新会会昔日的风云；
我战争中的伙伴啊，一起在北方长大的弟兄们！
让我们到青纱帐去吧，喝令时间退回我们的青春。

可记得？我们曾经有过一个伟大的发现：
住在青纱帐里，高粱秸比甘蔗还要香甜；
可记得？我们曾经有过一个大胆的判断：
无论上海或北京，都不如这高粱地更叫人留恋。

可记得？我们曾经有过一种有趣的梦幻：

革命胜利以后，我们一道捋着白须、游遍江南；
可记得？我们曾经有过一点渺小的心愿：
到了社会主义时代，狠狠心每天抽它三支香烟。

可记得？我们曾经有过一个坚定的信念：
即使死了化为粪土，也能叫高粱长得杆粗粒圆；
可记得？我们曾经有过一次细致的计算：
只要青纱帐不倒，共产主义肯定要在下一代实现。

可记得？在分别时，我们定过这样的方案：
将来，哪里有严重的困难，我们就在哪里见面；
可记得？在胜利时，我们发过这样的誓言：
往后，生活不管甜苦，永远也不忘记昨天和明天。

我年青时代的战友啊，青纱帐里的亲人！
我们有的当了厂长、学者，有的作了编辑、将军，
能来甘蔗林里聚会吗？——不能又有什么要紧！
我知道，你们有能力驾驭任何险恶的风云。

我战争中的伙伴啊，一起在北方长大的弟兄们！
你们有的当了工人、教授，有的作了书记、农民，
能回到青纱帐去吗？——生活已经全新，
我知道，你们有勇气唤回自己的战斗的青春。

南方的甘蔗林哪，南方的甘蔗林！
你为什么这样香甜，又为什么那样严峻？
北方的青纱帐啊，北方的青纱帐！
你为什么那样遥远，又为什么这样亲近？

【作者简介】郭小川，原名郭恩大，中国近代著名诗人，1919年9月2日出生于河北省丰宁满族自治县凤山镇（原属热河省）一个知识分子家庭。笔名：郭苏、伟倜、健风、湘云、登云、丁云、晓船、袖春等。父母均系教师。他幼年在家乡读书，随父读过两年私塾。1933年春，日寇进攻热河，全家逃亡到北平。1937年加入中国共产党，1941—1945年，在延安马列学院、中央党校三部等单位学习，进修马列主义和文艺理论。1976年10月18日，在一场意外的火灾中不幸逝世。

郭小川创作作品极多，主要著作有《团泊洼的秋天》《平原老人》《投入火热的斗

争》《致青年公民》《鹏程万里》《将军三部曲》《甘蔗林——青纱帐》《昆仑行》等，还有一些政论、杂文作品。

回延安

贺敬之

一

心口呀莫要这么厉害地跳，
灰尘呀莫把我眼睛挡住了……
手抓黄土我不放，
紧紧贴在心窝上。

……几回回梦里回延安，
双手搂定宝塔山。
千声万声呼唤你
——母亲延安就在这里！

杜甫川唱来柳林铺笑，
红旗飘飘把手招。
白羊肚手巾红腰带，
亲人们迎过延河来。

满心话登时说不过来，
一头扑在亲人怀……

二

……二十里铺送过柳林铺迎，
分别十年又回家中。
树梢树枝树根根，
亲山亲水有亲人。

羊羔羔吃奶望着妈，
小米饭养活我长大。
东山的糜子西山的谷，
肩膀上的红旗手中的书。

手把手儿教会了我，
母亲打发我们过黄河。

革命的道路千万里，
天南海北想着你……

三

米酒油馍木炭火，
团团围定炕头坐。
满窑里围的不透风，
脑畔上还响着脚步声。

老爷爷进门气喘得紧：
“我梦见鸡毛信来——
可真见亲人……”
亲人见了亲人面，
双眼的眼泪眼眶里转。

“保卫延安你们费了心，
白头发添了几根根。”
团支书又领进社主任，
当年的放羊娃如今长成人。

白生生的窗纸红窗花，
娃娃们争抢来把手儿拉。
一口口的米酒千万句话，
长江大河起浪花。

十年来革命大发展，
说不尽这三千六百天……

四

千万条腿来千万只眼，
也不够我走来也不够我看。
头顶着蓝天大明镜，
延安城照在我心中——

一条条街道宽又平，
一座座楼房披彩虹；

一盏盏电灯亮又明，
一排排绿树迎春风……

对照过去我认不出了你，
母亲延安换新衣。

五

杨家岭的红旗啊高高地飘，
革命万里起高潮！
宝塔山下留脚印，
毛主席登上了天安门！

枣园的灯光照人心，
延河滚滚喊“前进”！
赤卫队……青年团……红领巾，
走着咱英雄几辈辈人……

社会主义路上大踏步走，
光荣的延河还要在前头！
身长翅膀吧脚生云，
再回延安看母亲！

【作者简介】贺敬之，山东枣庄人。1942年毕业于延安鲁艺文学系，诗人、剧作家。中国文学艺术界联合会第十届荣誉委员。15岁参加抗日救国运动，16岁到延安入鲁迅艺术学院文学系，17岁入党。1945年和丁毅执笔集体创作我国第一部新歌剧《白毛女》，获1951年斯大林文学奖，这是我国新歌剧发展的里程碑。

作为新中国的著名诗人，他的成名诗作是《回延安》，从20世纪50—60年代，他还发表了《放声歌唱》《雷锋之歌》《桂林山水歌》等作品，形成了个人诗歌创作的高潮。新时期他还发表了政治抒情诗《中国的十月》和《八一之歌》等。

第三节 改革开放时期爱国主义诗文选鉴

1978年5月11日，《光明日报》头版发表特约评论员文章《实践是检验真理的唯一标准》，在全国范围内引发了一场关于真理标准问题的大讨论。在邓小平等老一辈无产阶级革命家的领导和支持下，依靠理论界、新闻界和从事实际工作同志的紧密配合，这场讨论终于冲破“两个凡是”的束缚，为党的十一届三中全会重新确立马克思主义的思想路线作了理论和舆论上的准备，在党和国家的历史进程中产生了重大而深远的影响。

一、邓小平文选

邓小平（1904—1997），原名邓先圣，学名邓希贤，四川广安人。早年赴欧洲勤工俭学，归国后，他全身心地投入党领导的争取民族独立和人民解放的革命斗争。从土地革命、抗日战争到解放战争，先后担任党和军队的许多重要领导职务，为党中央一系列重大战略决策的实施，为新民主主义革命的胜利和新中国的诞生，建立了赫赫功勋，成为中华人民共和国的开国元勋。

邓小平是伟大的马克思主义者，伟大的无产阶级革命家、政治家、军事家、外交家，久经考验的共产主义战士，中国社会主义改革开放和现代化建设的总设计师，中国特色社会主义道路的开创者，邓小平理论的主要创立者。他所倡导的“改革开放”及“一国两制”政策理念，改变了20世纪后期的中国，也影响了世界，因此在1978年和1985年，曾两次当选《时代周刊》“年度风云人物”。

科学技术是第一生产力

一

世界在变化，我们的思想和行动也要随之而变。过去把自己封闭起来，自我孤立，这对社会主义有什么好处呢？历史在前进，我们却停滞不前，就落后了。马克思说过，科学技术是生产力，事实证明这话讲得很对。依我看，科学技术是第一生产力。我们的根本问题就是要坚持社会主义的信念和原则，发展生产力，改善人民生活，为此就必须开放。否则，不可能很好地坚持社会主义。拿中国来说，五十年代在技术方面与日本差距也不是那么大，但是我们封闭了二十年，没有把国际市场竞争摆在议事日程上，而日本却在这个期间变成了经济大国。

二

从长远看，要注意教育和科学技术。否则，我们已经耽误了二十年，影响了发展，还要再耽误二十年，后果不堪设想。最近，我见胡萨克时谈到，马克思讲过科学技术是生产力，这是非常正确的，现在看来这样说可能不够，恐怕是第一生产力。将来农业问题的出路，最终要由生物工程来解决，要靠尖端技术。对科学技术的重要性要充分认识。科学技术方面的投入、农业方面的投入要注意，再一个就是教育方面。我们要千方百计，在别的方面忍耐一些，甚至于牺牲一点速度，把教育问题解决好。

要注意解决好少数高级知识分子的待遇问题。调动他们的积极性，尊重他们，会有一批人做出更多的贡献。我们自己的原子弹、氢弹、卫星、空间技术不也搞起来了吗？我们的正负电子对撞机工程在全世界也是居于前列的。知识分子待遇问题要分几年解决，使他们感到有希望。北京大学一位老教授说："我的工资从建国时候开始就是这么多，但是现在物价涨了，我的生活水平降了三分之二。"我们不论怎么困难，也要提高教师的待遇。这个事情，在国际上都有影响。我们的留学生有几万人，如何创造他们回来工作的条件，很重要。有些留学生，回来以后没有工作条件，也没有接纳他们的机构，有些学科我们还没有。可以搞个综合的科研中心，设立若干专业，或者在现有的一些科研机构和大学里增设一些专业，把这些人放在里面，攻一个方面，总会有些人做出重大贡献。否则，这些人不回来，实在可惜啊。科教投资的使用要改进，这也是改革的重要内容。要把"文化大革命"时的"老九"提到第一，科学技术是第一生产力嘛，知识分子是工人阶级一部分嘛。

当然，我这里说的关于教育、科技、知识分子的意见，是作为一个战略方针，一个战略措施来说的。从长远看，这个问题到了着手解决的时候了。

【创作背景】1978年3月，全国科学大会在北京人民大会堂隆重召开。这是党中央动员全党、全国人民向科学技术现代化进军的大会，是我国科学技术发展的春天来临的空前盛会。邓小平在大会开幕式上发表了重要讲话。他指出：科学技术是生产力，这是马克思主义历来的观点。20世纪80年代中后期，科学技术进步推动社会经济发展的作用愈加显著，国际上以科技发展进步为主要支柱和主要动力的经济、军事、国家实力的竞争更趋激烈。1988年，邓小平以全新的视角，高瞻远瞩，对科学技术在当代生产力和社会经济发展中第一位的作用，作出了及时、明确的理论概括。

邓小平文选存目

高举毛泽东思想旗帜，坚持实事求是的原则

解放思想，实事求是，团结一致向前看

解放思想，独立思考

科学技术是第一生产力

二、江泽民文选

中国人历来是讲民族气节的

今天的谈话，我们双方都是为了各自国家的利益。这是我们的共同点。中美两国的关系，从你1972年来中国访问、中美发表上海公报后有了发展。特别是从邓小平主席倡导中国搞改革开放十年来，中美关系进展很快。为什么现在中美关系出现了这种困难情况？平息今年发生的政治风波，是我们国家自己的事。不知道为什么引起美国那么大的反应。这里用得着中国的一句古话："天下本无事，庸人自扰之。"由于我们双方意识形态的差别，造成对这一事件有不同的看法。此外，过多的谣言也使人们失去了判断事实的正确根据。荒谬的东西讲上一千遍，往往会使人觉得它是"真理"。我想说明一个实质性问题，邓小平主席倡导的改革开放，是坚持社会主义道路的改革开放，不是走向资本主义。这是中国人民根据多年斗争实践经验所选择的道路。这场政治风波后，我们对整个国际局势的估计没有变化。但是，世界上突然形成一股指责和"制裁"中国的逆流，一下子弄得乌烟瘴气。这个责任确实不在中国方面。解铃还须系铃人。

我们始终坚持在和平共处五项原则的基础上发展同世界各国包括美国的友好关系，特别重视在平等互利的基础上同所有国家发展经贸关系，也欢迎所有国家来华投资。中国从未对美国构成威胁。恰恰相反，中国有一个大市场，可以成为同美国开展经济合作的良好条件。刚才，你说现在美国有些商人认为中国已从1980年通过的关于鼓励外商投资的二十二条规定后退了。我可以肯定地负责地回答，中国仍然欢迎他们来投资，二十二条规定仍然有效。我在上海工作时，就提出同外商做生意的四条原则：（一）互相了解；（二）互相信任；（三）互利合作；（四）从长远观点出发。对最后这一点，我对我们的同志说过，要考虑外商的利益，双方都不要搞一锤子买卖。现在，我仍然这样认为。我们提出继续坚持改革开放，不会只停留在口号上。我们要做两件事，一是同外国合作搞一些大项目，二是在二十二条规定的基础上进一步完善有关法律法规。现在，中国对内需要安定团结的局面，对外需要和平的国际环境，这样我们才能专心致志地把经济搞上去。正是由于这一点，我们没有理由不把中美经济合作关系搞好。

我们不能说对美国了解很深，但可能比一般美国人对中国的了解要多。所以，有两个概念，我想说一下。一是反对资产阶级自由化。你们的企业家一听这句话，觉得不得了，是不是不能到中国做生意了。其实，这句话是有特定政治含义的。我们所说的反对资产阶级自由化，就是要坚持社会主义道路和中国共产党的领导，反对资产阶级的一切腐朽思想。其中也包括反对色情、毒品，这些东西美国政府自己也反对。但是，对西方的一切先进科学技术、科学管理经验和优秀文化成果，我们不仅不反对，而且要学习。二是民主、自由。我和钱其琛外长当年都在上海参加了共产党的地下活动。那时，我们游行呼口号，喊的就是“我们要民主！我们要自由！”现在，一些青年学生也喊要民主、要自由，但他们实际上并不知道要什么样的民主、自由。1986年，上海一些学生从林肯的葛底斯堡演说中挑了两段话作为口号，但却不了解林肯的这篇演说的历史背景。四十多年前，我在中学二年级就学过林肯的这篇演说，能全篇背下来。12月18日，我去母校上海交通大学同学生座谈。解放前，上海交大学生曾在我们党领导下为争取民主而斗争，当时的上海交大被称作“民主的堡垒”。那天我在交大讲话时，当场就把这篇演说背了一遍。这次有些学生绝食，我去医院看望他们。有一位女学生对我说要民主、要自由。我问她要什么样的民主、自由，她回答不出来。这个例子说明，一些年青人对民主、自由没有正确的概念。不能以为自己要怎么就怎么才是民主、自由。这种民主、自由，实际上任何国家都不会允许。即使这样，我们对学生还是采取宽容的态度。两个月前，我去清华大学开座谈会，有一位学生参加了游行和绝食，他说自己是“动乱分子”。我问学校是否这样讲的，校长说没有。我对这位学生说，没有人这样说你，你为什么要自己给自己戴这顶帽子、贴这个标签？我们对青年学生总的原则有两条，既要热情关怀，又要严格要求。对在美国的中国留学生，哪怕是参加过游行、签名的，我们一概采取非常大度的宽容态度，不会追究。当然，也有极少数人为了一张“绿卡”，不惜要求美国对自己的祖国采取“制裁”措施。这同中华民族的民族气节和民族自尊极不相称。我是扬州人，扬州史可法祠有一副对联：“数点梅花亡国泪，二分明月故臣心。”日本侵占时期，许多人去这个地方凭吊，以鼓舞抗日的志气。那时，我在扬州念中学，每星期都去，很受教育。中国人历来是讲民族气节的，是不畏强暴的。现在，一些留学生想在国外多留一段时间，做博士后研究工作，我们是理解的，但无论如何不能丧失爱国心。

【创作背景】这是江泽民同志会见美国前总统尼克松时的谈访要点。文中指出，毫不动摇地坚持党的基本路线，关键是始终不渝地坚持以经济建设为中心；无论解决什么问题，都不能影响经济建设这个中心，都要为集中力量把经济建设搞上去创造更有利的条件；要根据新的实践要求，重新学习，不断创新，与时俱进。

江泽民文选存目

人民政府要为人民办实事

中国人历来是讲民族气节的

不断创新 与时俱进

把握好改革、发展、稳定的关系

三、胡锦涛文选

推动教育事业科学发展（节选）

……

第二，推动教育事业科学发展，必须坚持以人为本。坚持以人为本、全面实施素质教育是教育改革和发展的战略主题，是贯彻党的教育方针的时代要求，核心是解决好培养什么人、怎样培养人的重大问题，重点是面向全体学生、促进学生全面发展，着力提高学生服务国家服务人民的社会责任感、勇于探索的创新精神、善于解决问题的实践能力。坚持以人为本，在教育工作中的最集中体现就是育人为本、德育为先。德是做人的根本，只有树立崇高理想和远大志向，从小打牢思想道德基础，学习才有动力，前进才有方向，成才才有保障。要把育人为本作为教育工作的根本要求，加强理想信念教育和道德教育，把社会主义核心价值体系融入国民教育全过程，深入推动中国特色社会主义理论体系进教材、进课堂、进头脑，引导学生形成正确的世界观、人生观、价值观，坚定学生对中国共产党领导、社会主义制度的信念和信心，培养学生团结互助、诚实守信、遵纪守法、艰苦奋斗的良好品质，树立社会主义民主法治、自由平等、公平正义理念。要把德育融入学校课堂教学、学生管理、学生生活全过程，创新德育观念、目标、内容、方法，充分体现时代性，准确把握规律性，大力增强实效性。

坚持以人为本，在教育工作中的重要着眼点是全面提高国民素质。这就需要全面实施素质教育。实施素质教育不仅涉及教育各个阶段和领域，更涉及文化传统、经济发展、社会结构、用人制度等方方面面，必须统筹兼顾、协调推进，切实把实施素质教育这件大事抓紧抓好、抓出成效。人力资源是经济社会发展的第一资源，教育是开发人力资源的主要途径。要以学生为主体，以教师为主导，充分发挥学生的主动性，尊重教育规律和学生身心发展规律，为多样化、个性化、创新型人才成长提供良好环境和机制，着力培养我国现代化建设需要的各方面人才，特别是要高度重视培养拔尖创新人才。要促进学生全面发展，优化知识结构，丰富社会实践，加强劳动教育，着力提高学习能力、实践能力、创新能力，提高综合素质，加快改变学生创新能力培养不足状况。要把人人可以成才的观念贯穿教育全过程、贯穿社会各行各业，把培养人的创造性和培养拔尖创新人才有机统一起来，推进小学、中学、大学有机衔接，教学、科研、实践紧密结合，学校、家庭、社会密切配合，加强学校之间、校企之间、学校和科研机构之间合作以及中外合作等多种联合培养方式，更加重视打牢创新基础、倡导创新精神、激发创新活力，更加重视发展创新文化、完善创新机制、营造创新氛围，大幅提高教育培养创新人才能力和水平。要以终身学习理念引领学校教育改革，构建灵活开放的终身教育体系，努力做到学历教育和非学历教育协调发展、职业教育和普通教育相互沟通、职前教育和职后教育有效衔接，为努力形成全民学习、终身学习的学习型社会奠定坚实基础。

……

【创作背景】这是胡锦涛同志于2010年7月在全国教育工作会议上的讲话，文中指出，优先发展教育是党和国家长期坚持的一项重大方针。坚持以人为本、全面实施素质教育是教育改革和发展的战略主题。深化教育体制改革，关键是更新教育观念，核心是改革人才培养体制，目的是提高人才培养水平。强调教育公平是社会公平的重要基础。强调要把提高质量作为教育改革和发展的核心任务。

胡锦涛文选存目

深入学习领会科学发展观

增强忧患意识，把党建设好

反腐倡廉要把握和处理好四个关系

推动教育事业科学发展

以人为本，执政为民

保持党的纯洁性

把科学发展观贯穿于发展的整个过程和各个方面

第四节　新时期爱国主义诗文选鉴

新时代需要伟大理论引领，新征程呼唤人民领袖领航。《习近平谈治国理政》收录178篇重要文献，生动记录了习近平新时代中国特色社会主义思想的发展脉络和主要内容，是我们学习领会习近平新时代中国特色社会主义思想的权威读本。越深入钻研，越能感受到其中蕴藏的真理力量、信仰味道和思想光芒。

青年要自觉践行社会主义核心价值观——在北京大学师生座谈会上的讲话

习近平

各位同学，各位老师，同志们：

今天是五四青年节，很高兴来到北京大学同大家见面，共同纪念五四运动95周年。首先，我代表党中央，向北京大学全体师生员工，向全国各族青年，致以节日的问候！向全国广大教育工作者和青年工作者，致以崇高的敬意！

刚才，朱善璐同志汇报了学校工作情况，几位同学、青年教师分别作了发言，大家讲得都很好，听后很受启发。这是我到中央工作以后第五次到北大，每次来都有新的体会。在洋溢着青春活力的校园里一路走来，触景生情，颇多感慨。我感到，当代大学生是可爱、可信、可贵、可为的。

五四运动形成了爱国、进步、民主、科学的五四精神，拉开了中国新民主主义革命的序幕，促进了马克思主义在中国的传播，推动了中国共产党的建立。五四运动以来，在中国共产党领导下，一代又一代有志青年“以青春之我，创建青春之家庭，青春之国家，青春之民族，青春之人类，青春之地球，青春之宇宙”，在救亡图存、振兴中华的历史洪流中谱写了一曲曲感天动地的青春乐章。

北京大学是新文化运动的中心和五四运动的策源地，是这段光荣历史的见证者。长期以来，北京大学广大师生始终与祖国和人民共命运、与时代和社会同前进，在各条战线上为我国革命、建设、改革事业作出了重要贡献。

党的十八大提出了“两个一百年”奋斗目标。我说过，现在，我们比历史上任何时期都更接近实现中华民族伟大复兴的目标，比历史上任何时期都更有信心、更有能力实现这个目标。

行百里者半九十。距离实现中华民族伟大复兴的目标越近，我们越不能懈怠、越要加倍努力，越要动员广大青年为之奋斗。

光阴荏苒，物换星移。时间之河川流不息，每一代青年都有自己的际遇和机缘，都要在自己所处的时代条件下谋划人生、创造历史。青年是标志时代的最灵敏的晴雨表，时代的责任赋予青年，时代的光荣属于青年。

广大青年对五四运动的最好纪念，就是在党的领导下，勇做走在时代前列的奋进者、开拓者、奉献者，以执着的信念、优良的品德、丰富的知识、过硬的本领，同全国各族人民一道，担负起历史重任，让五四精神放射出更加夺目的时代光芒。

同学们、老师们！

大学是一个研究学问、探索真理的地方，借此机会，我想就社会主义核心价值观问题，同各位同学和老师交流交流想法。

我想讲这个问题，是从弘扬五四精神联想到的。五四精神体现了中国人民和中华民族近代以来追求的先进价值观。爱国、进步、民主、科学，都是我们今天依然应该坚守和践行的核心价值，不仅广大青年要坚守和践行，全社会都要坚守和践行。

人类社会发展的历史表明，对一个民族、一个国家来说，最持久、最深层的力量是全社会共同认可的核心价值观。核心价值观，承载着一个民族、一个国家的精神追求，体现着一个社会评判是非曲直的价值标准。

古人说：“大学之道，在明明德，在亲民，在止于至善。”核心价值观，其实就是一种德，既是个人的德，也是一种大德，就是国家的德、社会的德。国无德不兴，人无德不立。如果一个民族、一个国家没有共同的核心价值观，莫衷一是，行无依归，那这个民族、这个国家就无法前进。这样的情形，在我国历史上，在当今世界上，都屡见不鲜。

我国是一个有着13亿多人口、56个民族的大国，确立反映全国各族人民共同认同的价值观“最大公约数”，使全体人民同心同德、团结奋进，关乎国家前途命运，关乎人民幸福安康。

每个时代都有每个时代的精神，每个时代都有每个时代的价值观念。国有四维，礼义廉耻，“四维不张，国乃灭亡。”这是中国先人对当时核心价值观的认识。在当代中国，我们的民族、我们的国家应该坚守什么样的核心价值观？这个问题，是一个理论问题，也是一个实践问题。经过反复征求意见，综合各方面认识，我们提出要倡导富强、民主、文明、和谐，倡导自由、平等、公正、法治，倡导爱国、敬业、诚信、友善，积极培育和践行社会主义核心价值观。富强、民主、文明、和谐是国家层面的价值要求，自由、平等、公正、法治是社会层面的价值要求，爱国、敬业、诚信、友善是公民层面的价值要求。这个概括，实际上回答了我们要建设什么样的国家、建设什么样的社会、培育什么样的公民的重大问题。

中国古代历来讲格物致知、诚意正心、修身齐家、治国平天下。从某种角度看，格物致知、诚意正心、修身是个人层面的要求，齐家是社会层面的要求，治国平天下是国家层面的要求。我们提出的社会主义核心价值观，把涉及国家、社会、公民的价值要求融为一体，既体现了社会主义本质要求，继承了中华优秀传统文化，也吸收了世界文明有益成果，体现了时代精神。

富强、民主、文明、和谐，自由、平等、公正、法治，爱国、敬业、诚信、友善，传承着中国优秀传统文化的基因，寄托着近代以来中国人民上下求索、历经千辛万苦确立的理想和信念，也承载着我们每个人的美好愿景。我们要在全社会牢固树立社会主义核心价值观，全体人民一起努力，通过持之以恒的奋斗，把我们的国家建设得更加富强、更加民主、更加文明、更加和谐、更加美丽，让中华民族以更加自信、更加自强的姿态屹立于世界民族之林。

建设富强民主文明和谐的社会主义现代化国家，实现中华民族伟大复兴，是鸦片战争以来中国人民最伟大的梦想，是中华民族的最高利益和根本利益。今天，我们13亿多人的一切奋斗归根到底都是为了实现这一伟大目标。中国曾经是世界上的经济强国，后来在世界工业革命如火如荼、人类社会发生深刻变革的时期，中国丧失了与世界同进步的历史机遇，落到了被动挨打的境地。尤其是鸦片战争之后，中华民族更是陷入积贫积弱、任人宰割的悲惨状况。这段历史悲剧决不能重演！建设富强民主文明和谐的社会主义现代化国家，是我们的目标，也是我们的责任，是我们对中华民族的责任，对前人的责任，对后人的责任。我们要保持战略定力和坚定信念，坚定不移走自己的路，朝着自己的目标前进。

中国已经发展起来了，我们不认可“国强必霸”的逻辑，坚持走和平发展道路，但中华民族被外族任意欺凌的时代已经一去不复返了！为什么我们现在有这样的底气？就是因为我们的国家发展起来了。现在，中国的国际地位不断提高、国际影响力不断扩大，这是中国人民用自己的百年奋斗赢得的尊敬。想想近代以来中国丧权辱国、外国人在中国横行霸道的悲惨历史，真是形成了鲜明对照！

中华文明绵延数千年，有其独特的价值体系。中华优秀传统文化已经成为中华民族的基因，植根在中国人内心，潜移默化影响着中国人的思想方式和行为方式。今天，我们提倡和弘扬社会主义核心价值观，必须从中汲取丰富营养，否则就不会有生命力和影响力。比如，中华文化强调“民惟邦本”、“天人合一”、“和而不同”，强调“天行健，君子以自强不息”、“大道之行也，天下为公”；强调“天下兴亡，匹夫有责”，主张以德治国、以文化人；强调“君子喻于义”、“君子坦荡荡”、“君子义以为质”；强调“言必信，行必果”、“人而无信，不知其可也”；强调“德不孤，必有邻”、“仁者爱人”、“与人为善”、“己所不欲，勿施于人”、“出入相友，守望相助”、“老吾老以及人之老，幼吾幼以及人之幼”、“扶贫济困”、“不患寡而患不均”，等等。像这样的思想和理念，不论过去还是现在，都有其鲜明的民族特色，都有其永不褪色的时代价值。这些思想和理念，既随着时间推移和时代变迁而不断与时俱进，又有其自身的连续性和稳定性。我们生而为中国人，最根本的是我们有中国人的独特精神世界，有百姓日用而不觉的价值观。我们提倡的社会主义核心价值观，就充分体现了对中华优秀传统文化的传承和升华。

价值观是人类在认识、改造自然和社会的过程中产生与发挥作用的。不同民族、不同国家由于其自然条件和发展历程不同，产生和形成的核心价值观也各有特点。一个民族、一个国家的核心价值观必须同这个民族、这个国家的历史文化相契合，同这个民族、这个国家的人民正在进行的奋斗相结合，同这个民族、这个国家需要解决的时代问题相适应。世界上没有两片完全相同的树叶。一个民族、一个国家，必须知道自己是谁，是从哪里来的，要到哪里去，想明白了、想对了，就要坚定不移朝着目标前进。

去年12月26日，我在纪念毛泽东同志诞辰120周年座谈会上讲话时说：站立在960万平方公里的广袤土地上，吸吮着中华民族漫长奋斗积累的文化养分，拥有13亿中国人民聚合的磅礴之力，我们走自己的路，具有无比广阔的舞台，具有无比深厚的历史底蕴，具有无比强大的前进定力。中国人民应该有这个信心，每一个中国人都应该有这个信心。我们要虚心学习借鉴人类社会创造的一切文明成果，但我们不能数典忘祖，不能照抄照搬别国的发展模式，也绝不会接受任何外国颐指气使的说教。

我说这话的意思是，实现我们的发展目标，实现中国梦，必须增强道路自信、理论自信、制度自信，“千磨万击还坚劲，任尔东南西北风”。而这“三个自信”需要我们对核心价值观的认定作支撑。

我为什么要对青年讲讲社会主义核心价值观这个问题？是因为青年的价值取向决定了未来整个社会的价值取向，而青年又处在价值观形成和确立的时期，抓好这一时期的价值观养成十分重要。这就像穿衣服扣扣子一样，如果第一粒扣子扣错了，剩余的扣子都会扣错。人生的扣子从一开始就要扣好。“凿井者，起于三寸之坎，以就万仞之深。”青年要从现在做起、从自己做起，使社会主义核心价值观成为自己的基本遵循，并身体力行大力将其推广到全社会去。

广大青年树立和培育社会主义核心价值观，要在以下几点上下功夫。

一是要勤学，下得苦功夫，求得真学问。知识是树立核心价值观的重要基础。古希腊哲学家说，知识即美德。我国古人说：“非学无以广才，非志无以成学”大学的青春时光，人生只有一次，应该好好珍惜。为学之要贵在勤奋、贵在钻研、贵在有恒。鲁迅先生说过：“哪里有天才，我是把别人喝咖啡的工夫都用在工作上的。”大学阶段，“恰同学少年，风华正茂”，有老师指点，有同学切磋，有浩瀚的书籍引路，可以心无旁骛求知问学。此时不努力，更待何时？要勤于学习、敏于求知，注重把所学知识内化于心，形成自己的见解，既要专攻博览，又要关心国家、关心人民、关心世界，学会担当社会责任。

二是要修德，加强道德修养，注重道德实践。“德者，本也。”蔡元培先生说过：“若无德，则虽体魄智力发达，适足助其为恶。”道德之于个人、之于社会，都具有基础性意义，做人做事第一位的是崇德修身。这就是我们的用人标准为什么是德才兼备、以德为先，因为德是首要、是方向，一个人只有明大德、守公德、严私德，其才方能用得其所。修德，既要立意高远，又要立足平实。要立志报效祖国、服务人民，这是大德，养大德者方可成大业。同时，还得从做好小事、管好小节开始起步，“见善则迁，有过则改”，踏踏实实修好公德、私德，学会劳动、学会勤俭，学会感恩、学会助人，学会谦让、学会宽容，学会自省、学会自律。

三是要明辨，善于明辨是非，善于决断选择。“学而不思则罔，思而不学则殆。”是非明，方向清，路子正，人们付出的辛劳才能结出果实。面对世界的深刻复杂变化，面对信息时代各种思潮的相互激荡，面对纷繁多变、鱼龙混杂、泥沙俱下的社会现象，面对学业、情感、职业选择等多方面的考量，一时有些疑惑、彷徨、失落，是正常的人生经历。关键是要学会思考、善于分析、正确抉择，做到稳重自持、从容自信、坚定自励。要树立正确的世界观、人生观、价值观，掌握了这把总钥匙，再来看看社会万象、人生历程，一切是非、正误、主次，一切真假、善恶、美丑，自然就洞若观火、清澈明了，自然就能作出正确判断、作出正确选择。正所谓“千淘万漉虽辛苦，吹尽狂沙始到金”。

四是要笃实，扎扎实实干事，踏踏实实做人。道不可坐论，德不能空谈。于实处用力，从知行合一上下功夫，核心价值观才能内化为人们的精神追求，外化为人们的自觉行动。《礼记》中说：“博学之，审问之，慎思之，明辨之，笃行之。”有人说：“圣人是肯做工夫的庸人，庸人是不肯做工夫的圣人。”青年有着大好机遇，关键是要迈稳步子、夯实根基、久久为功。心浮气躁，朝三暮四，学一门丢一门，干一行弃一行，无论为学还是创业，都是最忌讳的。“天下难事，必作于易；天下大事，必作于细。”成功的背后，永远是艰辛努力。青年要把艰苦环境作为磨炼自己的机遇，把小事当作大事干，一步一个脚印往前走。滴水可以穿石。只要坚韧不拔、百折不挠，成功就一定在前方等你。

核心价值观的养成绝非一日之功，要坚持由易到难、由近及远，努力把核心价值观的要求变成日常的行为准则，进而形成自觉奉行的信念理念。不要顺利的时候，看山是山、看水是水，一遇挫折，就怀疑动摇，看山不是山、看水不是水了。无论什么时候，我们都要坚守在中国大地上形成和发展起来的社会主义核心价值观，在时代大潮中建功立业，成就自己的宝贵人生。

同学们、老师们！

党中央作出了建设世界一流大学的战略决策，我们要朝着这个目标坚定不移前进。办好中国的世界一流大学，必须有中国特色。没有特色，跟在他人后面亦步亦趋，依样画葫芦，是不可能办成功的。这里可以套用一句话，越是民族的越是世界的。世界上不会有第二个哈佛、牛津、斯坦福、麻省理工、剑桥，但会有第一个北大、清华、浙大、复旦、南大等中国著名学府。我们要认真吸收世界上先进的办学治学经验，更要遵循教育规律，扎根中国大地办大学。

鲁迅先生说：“北大是常为新的，改进的运动的先锋，要使中国向着好的，往上的道路走。”党的十八届三中全会吹响了全面深化改革的号角，也对深化我国高等教育改革提出了明确要求。现在，关键是把蓝图一步步变为现实。全国高等院校要走在教育改革前列，紧紧围绕立德树人的根本任务，加快构建充满活力、富有效率、更加开放、有利于学校科学发展的体制机制，当好教育改革排头兵。我也希望北京大学通过埋头苦干和改革创新，早日实现几代北大人创建世界一流大学的梦想。

教师承担着最庄严、最神圣的使命。梅贻琦先生说："所谓大学者，非谓有大楼之谓也，有大师之谓也。"我体会，这样的大师，既是学问之师，又是品行之师。教师要时刻铭记教书育人的使命，甘当人梯，甘当铺路石，以人格魅力引导学生心灵，以学术造诣开启学生的智慧之门。

各级党委和政府要高度重视高校工作，始终关心和爱护学生成长，为他们放飞青春梦想、实现人生出彩搭建舞台。要全面深化改革，营造公平公正的社会环境，促进社会流动，不断激发广大青年的活力和创造力。要强化就业创业服务体系建设，支持帮助学生们迈好走向社会的第一步。各级领导干部要经常到学生们中去、同他们交朋友，听取他们的意见和建议。

现在在高校学习的大学生都是20岁左右，到2020年全面建成小康社会时，很多人还不到30岁；到本世纪中叶基本实现现代化时，很多人还不到60岁。也就是说，实现"两个一百年"奋斗目标，你们和千千万万青年将全过程参与。有信念、有梦想、有奋斗、有奉献的人生，才是有意义的人生。当代青年建功立业的舞台空前广阔、梦想成真的前景空前光明，希望大家努力在实现中国梦的伟大实践中创造自己的精彩人生。

我相信，当代中国青年一定能够担当起党和人民赋予的历史重任，在激扬青春、开拓人生、奉献社会的进程中书写无愧于时代的壮丽篇章！

【创作背景】2014年5月4日，正值五四青年节，也是五四运动95周年，习近平同志在北京大学考察，就社会主义核心价值观的问题与北京大学的师生进行交流，发表了这篇谈话。在谈话中，习近平同志强调了社会主义核心价值观承载着一个民族、一个国家的精神追求，是最持久、最深层的力量。他对青年提出了殷切期望，希望广大青年要从现在做起，从自己做起，勤学、修德、明辨、笃实，使社会主义核心价值观成为自己的基本遵循。并身体力行将其推广到全社会去，努力在实现中国梦的伟大实践中创造自己的精彩人生。

《习近平谈治国理政》文选存目

人民对美好生活的向往，就是我们的奋斗目标

毫不动摇坚持和发展中国特色社会主义

实现中华民族伟大复兴是中华民族近代以来最伟大的梦想

实干才能梦想成真

实现中华民族伟大复兴是海内外中华儿女共同的梦

改革开放只有进行时没有完成时

坚持法治国家、法治政府、法治社会一体建设

提高国家文化软实力

培育和弘扬社会主义核心价值观

青年要自觉践行社会主义核心价值观

从小积极培育和践行社会主义核心价值观

让十三亿人民享有更好更公平的教育

为子孙后代留下天蓝、地绿、水清的生产生活环境

共圆中华民族伟大复兴的中国梦

文明因交流而多彩，文明因互鉴而丰富

共同建设“丝绸之路经济带”

永远做可靠朋友和真诚伙伴

携手合作，共同发展

发扬钉钉子的精神，一张好的蓝图一干到底

第三章 爱国主义美术选鉴

第一节 爱国主义美术简述

“爱国主义美术”是中国社会生活中一种独特的文艺现象，它包含了太多历史的记忆，也包含着一个民族视为至宝的精神财富。“爱国主义美术”是指为彰显爱国主义情怀、凝聚中华民族斗争精神所进行的美术创作，它包含了不同时期的经典美术作品，同时记录了新中国成立前后的一系列发展和变化，代表了时代精神，也承载着历史印记和审美追求，是新中国革命历史的重要篇章。爱国主义经典美术作品的赏析对弘扬社会主义核心价值观及大力推进中国文化都起到了一定的积极作用。

第二节 新中国成立前爱国主义美术选鉴

一、新中国成立前的社会背景

1937年，共产党和国民党政府建立了抗日民族统一战线，使政治局面得以稳定，经济情况有所好转。南京举办了第二次全国美术展览，艺术社团在沿海大城市方兴未艾。然而，灾难迅速降临，1937年7月7日，炮火在北平西南的卢沟桥打响。三周之后这座城市在没有任何进一步抵抗的情况下被日军占领了。

二、代表画作赏鉴

（一）唐一禾《七七的号角》

图一　唐一禾《七七的号角》油画稿局部　布面油画　1940年

【作者简介】唐一禾（1905—1944），湖北武汉人。现代油画家。1922年考入私立武昌美术专科学校。少年时，热爱绘画，是武昌美术专科学校最早的8个学生之一。

1940—1944年，在动荡不定的环境中，创作了油画《穷人》、《村妇》、《厨工》、《田头送茶》、《女游击队员》、《七七的号角》、《胜利与和平》及素描《码头工人》、《祖孙》等作品，都表现了对祖国的热爱和对劳动人民的同情。1944年赴重庆参加“中华全国美术会”会议并当选中华全国美术会常务理事，途中因江轮倾覆罹难，年仅39岁。

【作品赏鉴】《七七的号角》是唐一禾于1940年为创作巨幅油画而制成的草图。由于战争期间教学的繁重和生活的不安稳，此画最终并未完成，但是，从遗存的草图可以看出，这是一幅反映抗战生活的佳作。画面描绘了一个学生文艺宣传队走向街头进行抗日救亡宣传的情景。这种活动在大后方是随处可见的，也是武昌艺专的师生经常举行的。画中的人物形象多以他的学生为依据。作者有感而发，画中人物既有个性特征，又揭示出那个时代热血青年的共同气质，队列的行进感和朴实无华的暖色调很好地表现了这一主题，并产生激励观众随时加入到这抗日洪流中来的号召力。在唐一禾短暂的生命和艺术历程中，无论是思想情感还是艺术创作都表现出强烈的民族气节和“在民众的底层里负起了神圣伟大的使命”的崇高追求。在唐一禾出国学习和回国投身艺术教育期间，正是中国内忧外患、民族危亡面临考验的时刻，而唐一禾的艺术创作也始终紧密地联系着国家、民族、民众命运这一主题。

（二）徐悲鸿《愚公移山》

图二　徐悲鸿《愚公移山》　纸本水墨　143cm×424cm　1939—1941年

【作者简介】徐悲鸿（1895—1953），汉族，原名徐寿康，江苏宜兴人，中国现代画家、美术教育家。徐悲鸿自幼学画，通过自己的艺术实践，他认为自己过去所做的中国画是“体物不精而手放佚，动不中绳，如无缰之马难以控制。”于是，他刻苦钻研学画，并于1919年考入巴黎美术学校，开始接受正规的西方绘画教育。

徐悲鸿每日乐此不疲地进行西洋画的基本功训练，上午在巴黎美术学校学习，下午在研究所画模特儿，有时还抽空去观摩各种展览。学有所成的徐悲鸿在32岁这一年回到中国，开始在国内投身于美术教育工作，发展自己的艺术事业。

20世纪前半叶中国社会现实的动荡和奋起反抗外来侵略的大潮使得那一代的艺术家、知识分子都具有强烈的忧患意识。在徐悲鸿的作品中则由衷地表现出“天下兴亡，匹夫有责”的使命感与悲天悯人情怀。古往今来的很多画家也感叹世态与人生，他们的方式是将情怀寄托于避世的山水或孤寂的花鸟，然而徐悲鸿则通过塑造不屈不挠的民生群像，使中国美术第一次有了真正意义的“现代”作品。

徐悲鸿从青年时代起就矢志于美术教育。1918年他被蔡元培聘为北京大学画法研究会导师。1927年，带着复兴中国绘画的决心，徐悲鸿回国，即参与创办南国艺术学院。此后徐悲鸿一生从未离开过美术教育，从南国艺术学院、南京中央大学艺术系、北平大学艺术学院院长直到1949年的中央美术学院首任院长，可以说徐悲鸿是辛亥革命以后中国向现代社会转型期间最早的接受和建立中国现代美术教育的先驱之一。

【作品赏鉴】徐悲鸿先生曾画过三幅《愚公移山》，均是在1940年左右抗战时期创作的。《愚公移山》取材于《列子·汤问》中人们熟悉的“愚公移山”故事。画家创作这幅巨作时国内正处在抗战最艰苦的时期，当时，南洋领袖陈嘉庚先生为支援抗战，招募3000华工修复滇缅公路，保护中国唯一的生命线，徐悲鸿深受鼓舞和感动，于是创作了这件作品，希望中国军民以愚公移山的精神艰苦奋战，夺取抗战的最后胜利。

画家在处理这个故事时，着重以宏大的气势，震人心魄的力度来传达一个古老民族的决心与毅力。就空间布局，他做了数十幅小稿反复修改，最终以从右至左，从前往后的格局展开画面。画面右端有几个高大健壮、魁梧结实的壮年男子，手持钉耙奋力砸向黑土。其姿势表情不一，或瞠目、或呐喊、或蹲地、或挺腹，然动态均呈蓄力待发之状，有雷霆万钧之势。这群呈弧形分布的人物占据画面大部分空间，人物顶天立地，有撑破画面之感。根据构图需要，左侧画面的人物排列较为松散，人物或高或低，树丛小景置于其间。一挑筐大汉和倚锄老者背对观众以加强空间纵深感，拉开与右半段紧张劳作者之间的距离，造成右半部是前线而左半部是后方的感觉。愚公与邻人“孀妻”对话，愚公左右各一小孩，一在吃饭，一在运土；老翁似乎正在语重心长地对下一代人叙述自己的愿望和信心，描绘着未来的美好景象。

在绘画笔法和色彩方面，这幅画充分体现了作者在中国传统技法和西方传统技法方面所具有的深厚功底。中国传统绘画中的白描勾勒手法被运用于人物外形轮廓、衣纹处理和树草等植物的表现上，而西方传统绘画强调的透视关系、解剖比例、明暗关系等，在构图、人物动态、肌肉表现方面发挥得淋漓尽致。在人物造型方面，作者直接用全裸体人物进行中国画创作，这是徐悲鸿的首创，也是这幅作品另一颇为独特之处。可以说，徐悲鸿在这幅作品中将中西两大传统技法有机地融会贯通，独创了自己“中西合璧”的写实艺术风格。徐悲鸿突破传统绘画的格局，把众多剧烈运动中的人体引入中国画，可以说，这幅画代表了近代中国人物画的最高水平。

（三）丁聪《现象图》《阿Q正传插画》

【作者简介】丁聪（1916—2009），生于上海，20世纪30年代初开始发表漫画。抗日战争时期，丁聪辗转于香港及西南大后方，从事画报编辑、舞台美术设计、艺专教员和画抗战宣传画等工作，同时也以漫画参加过多次画展。后在重庆、成都等地从事舞台美术设计，创作了《现象图》《阿Q正传插画》等。

【作品赏鉴】这幅画的开篇是一个将脑袋埋进陈腐旧书上的青年学生，象征现代文明的西方教科书却被扔在脚下，饥肠辘辘的教授和他瘦弱的妻儿无奈地倚在一起，知识

图三　丁聪《现象图》　设色漫画　长卷　1944年

甚至提供不了活命的粮食，而在他的身边，两个投机商人却在私下交易，大发横财。被蒙上眼睛的艺术家明明将老虎画成了一条狗，却被鉴赏家们啧啧称美。从书中的字里行间寻找违碍犯禁的证据的审查官员兢兢业业，却对赈济难民衣食的急务不闻不问。挎着富豪胳膊的摩登女郎对前线归来的残障伤兵恶闻掩鼻，疾驰而过的豪车卷起的尘土盖住了衣衫褴褛的逃难平民。在这幅画的最后，目睹了这一切丑恶荒诞现实的新闻记者本应奋笔直书，但却被官方蒙住了双眼，只能被迫视若无睹，昂扬而过。

《现象图》将大后方的所有丑恶与荒诞一网打尽，几乎可以说是一位漫画家对现实分裂的荒诞所能描摹的极致。在丁聪的眼中，这个政权恃强凌弱、以富压贫，腐败堕落已达极点，即使艰苦卓绝的抗战最终胜利，也难以抹去他眼中所见到的种种丑恶不公的现实。战争已经使这个勉力支撑的政权元气大伤，暴露出了它的沉疴重疾，所以它理应被抛弃，让位给在战争中积蓄力量势头正劲的新生力量。阴影无处不在，它跟在路人的身后亦步亦趋，藏在谈天男女的沙发后面，监视着人们的一举一动，无孔不入，如影随形，这就是丁聪观察到的社会现实。

【作品赏鉴】丁聪的漫画，夸张而滑稽，如投枪直击要害，让人忍俊不禁而又发人深思，人物的造型刻画也非常能够表现出该人物的性格，让人看到马上就能够分辨出画的是哪一类人，是什么样的心理状态。丁先生为人宽厚达观，淡泊名利，是一位纯粹的艺术家，其一生作品产量颇丰。画漫画不仅需要绘画的技巧，还需要很高的人文素养，通过人文素养的积淀整理出表现某些思想或者间接的视觉语言，是需要很高的概括与转换能力，丁聪的线条圆润而富有弹性，形成了独特的艺术风格。

图四　丁聪《阿Q正传插画》

（四）张乐平《三毛流浪记》

图五　张乐平《三毛流浪记》漫画节选

【创作背景】1947年的一个晚上，画家张乐平冒着大雪走在上海的一条弄堂里，远远地看到三张通红的小小面孔，走近一看，是三个十岁左右的流浪儿，正披着破麻袋、赤着脚，紧紧地围着一个烤山芋的炉子取暖，有两个孩子在雪地上不停地跺脚，有一个趴在雪地上，鼓着冻红的腮帮去吹即将熄灭的火。寒风呼啸，大雪纷飞。贫穷的艺术家呆呆地看着这三个他无力帮助的孩子，叹了一口气，去兄弟家借宿了。第二天早上，他又路过那条弄堂，却看到有两个孩子已冻死在那个炉子前，小手还伸在熄火的炉膛里……张乐平痛哭流涕，这一幕深深地刺激了他的神经。张乐平悲愤，他要呐喊，他要画三毛流浪记……其实，张乐平最初设计的形象就是一个光头男孩，秃脑袋虽然有趣，但在造型上显得单调。后来，他对此仔细推敲琢磨，一天突发灵感，在光头上加了三笔，人物形象立刻鲜活起来，于是"三毛"诞生了。《三毛流浪记》这本长篇漫画书至今一版再版，而且还在继续出版中。中国的"小三毛"永恒了。

【作品赏鉴】这一本漫画绝不是单纯的想要借三毛这个人物来逗乐于大家，其实故事的背后不仅让三毛给大家带来新的希望，而且让我们体会到在那个年代苦难和不幸是时常发生的，用三毛的故事来体现中国人民那种不屈不挠精神，同时我们也需要学会换一个角度来关怀和珍爱别人。

（五）蒋兆和《流民图》

图六　蒋兆和本人及以自己为原型画的杜甫

【作者简介】蒋兆和，祖籍湖北麻城，生于四川泸州，原名万绥，1904年生，自幼家贫。1927年，还在上海的蒋兆和认识了刚从巴黎留学回国的徐悲鸿，并将自己的素描、油画拿来让其点评。徐悲鸿关于中国画的改良理论对蒋兆和影响极大，徐悲鸿认为可以将西方素描写实观念和手法融入传统中国画中，进而达到改造中国画的目的。受其影响，蒋兆和逐渐去掉了画广告画的艳俗之气，开始直面现实生活，并坚定了现实主义的创作方向。

蒋兆和是20世纪三四十年代最执着地为下层民众呼吁呐喊的水墨人物画家，新中国成立后是人民大众的歌颂者，又是自成体系的现代水墨人物画教学的一代宗师。他在传统中国画的基础上融合西画之长，创造性地拓展了中国水墨人物画的技巧，其造型之精谨，表现人物内心世界之深刻，在中国人物画史上达到了一个新的高度。蒋兆和的《流民图》为现代中国水墨人物画在世界艺坛上确立了崇高的地位，也成就了他后来成为20世纪中国画坛的一代巨匠、中国现代水墨人物画开山鼻祖。这也是为什么如今一提起蒋兆和，就不得不提《流民图》的原因。

图七　蒋兆和《流民图》　水墨　约200cm×2700cm　1942—1943年

图八　蒋兆和《流民图》局部

【作品赏鉴】谈到蒋兆和，必然要谈到《流民图》。1946年，蒋兆和根据抗日战争时期4200万中国人民自西向东迁徙的历史，创作了《流民图》。“当敌人铁蹄之下，田园不保，庐社为墟，少壮散之四方，老弱转乎沟壑，奸淫掠夺，屠杀焚烧，其身受之惨戚情形，虽人间地狱，不足以喻其万一也。蒋兆和疾首痛心，窃不自量，思欲以素楮百幅，秃管一枝，为我难胞描其境象，远师郑侠之遗笔，而作后流民图。”《流民图》高200cm、长2700cm，称得上是巨幅长卷，通过一百多个不同人物的造型，真实地反映出日本侵略者给中国人民造成的巨大灾难，浓缩了中华民族那段屈辱的历史。《流民图》饱含着艺术家的心血，也体现了蒋兆和的大智大勇。

《流民图》于1943年在日伪统治下的北平诞生和展出，它本身就是一个奇迹，凝聚着艺术家的智慧和沦陷区人民的支持。蒋兆和以画像为名广泛收集素材，1942年完成了《流民图》小稿，为防人耳目，逐一找模特儿写生，分段放大制作，画一部分藏一部分，在两米多高的画板上只留一两个孤立的人物形象，使人无法了解画卷的全部。1943年9月《流民图》停笔，琉璃厂宝华斋裱画店的师傅们连夜在当街石台阶上，画面朝下，装裱了《流民图》，开创了裱画史上前所未有的纪录。1943年10月29日，《流民图》在太庙（今劳动人民文化宫）正殿展出，络绎不绝的人群静静地走过那漫长而悲哀的画卷。仅在开幕之际，50套《流民图》的照片就全部售空。当天，日伪当局就禁止了画展，当蒋兆和正要离开现场时，一位监督收场的中国警察走到画家面前，恭敬地敬了个礼。二人泪眼相望。

厄运不止于此，这幅画在后来又被认作日本人授意的作品，被看成卖国者的“汉奸画”，蒋兆和因此被扣上许多帽子，尽管他曾在《我的画展综述》写过“敝人作画，素以老、弱、孤、残为对象，素无他意。”直到1979年，蒋兆和得到历史问题的复查结论，《流民图》终于被肯定为“现实主义的爱国主义作品”，他当即画了一幅《自画像》，右边落款：“十年噩梦，心悴神摧”。

数十年噩梦的辗转，《流民图》只剩下半幅不到的作品和几张底稿。

第三节　建设时期爱国主义美术选鉴

一、建设新中国时期的社会背景

1949年新中国成立以后，中国美术在体制建设和形象建构方面进入新的发展阶段，在美术体制和机构建立上，政府相继成立了中国美术家协会和各地分会，重组了各地美术学院，建立了大众图画出版社、美术出版社，创办了《人民美术》等期刊。体制机构的建设和重组，从根本上讲是为中国共产党有效地管理、控制和分配艺术资源，宣传党在意识形态方面的政策，为实现相应的社会目标服务的。所以，确立毛泽东文艺思想的指导地位和中国共产党对文艺的绝对领导，是新中国成立初期美术体制建设的重要任务，新中国美术也正是在这一基础上向前发展的。

二、代表画作赏鉴

（一）董希文《开国大典》

图九　董希文《开国大典》布面油画 230cm×405cm　1952年

【作者简介】董希文（1914—1973），浙江绍兴人，著名油画家、美术教育家。抗日战争爆发后，学校停课，董希文也因战乱南下到昆明地区学习与创作，在战乱中，董希文没有停止创作，这段在动荡中创作的经历和一幕幕劳苦大众的艰辛生活赋予了董希文作为画家的历史使命感，他用画笔抒发着对劳苦大众的关爱，给予希望。

20世纪40年代的中国，风云变幻，而董希文有着强烈的“先天下之忧而忧，后天下之乐而乐”的政治抱负。董希文敞开胸怀，迎接着新中国的到来。他用手中的画笔，抒发着老百姓在新中国成立后当家做主人的欢乐喜庆。不仅如此，董希文还参加了绘制天安门城楼上毛泽东主席和朱德总司令油画像的工作，这也是他能够在日后参与创作人民英雄纪念碑浮雕《武昌起义》画稿和油画《开国大典》的契机之一。

纵观董希文一生的作品，几乎每一幅都元气充沛，透出蓬勃的生机，更透露出董希文的生命理想和艺术精神。在董希文的人生道路上，他曾多次受到不公平的批评、指责。但是作为一名中国共产党党员和堂堂磊落的知识分子，他的腰板是挺直的，无论顺境逆境，始终坚守心中抱定的艺术理念而不渝。董希文是一个对自己非常负责任的人，他曾说一笔负千年重任。这不仅仅是画面中的一笔，也是将自己一生的创作态度化作“一笔”。这是一个更加具体而深入的发展，是更具备中国文化精神的态度。

【作品赏鉴】1949年10月1日，当毛主席站在天安门城楼上庄严地向世界宣告中华人民共和国中国人民政府成立的时候，董希文就站在天安门广场前，作为人民的代表参加了开国大典这一盛大的仪式。三年后，当38岁的他接受这样一个光荣的革命任务时，直感叹道“这是千载难逢的好运气”。在此之前，董先生已有过几次为领袖、英雄画像的经验，但面对“开国大典”这一题材董希文还是像之前的每一次绘画一样，严阵以待。

为了创作《开国大典》，董希文搬到一间临时搭建的画室，面对两米多高、四米多长的画布，后退的空间仅有三四米，无法看到画面的整体效果，所以董希文更多地是凭借经验和直觉完成创作的。他没日没夜地画，画得入神时，常常忘了吃饭，家人也不敢多打扰。为了节省时间，董希文常在画室的椅子上过夜。由于房间太小，作画时，一会儿爬上房顶，一会儿躺在地上。就是在这样的条件下，董希文仅仅用了两个月的时间便完成了这幅高230cm，长405cm堪称当代美术史上具有纪念碑意义的作品。

《开国大典》既有敦煌盛唐艺术风韵的辉煌，富丽堂皇的色彩语言，又有西方古典主义大师优美、典雅、纯净的绘画技法，同时更充盈着一个东方大国的自强、自尊与自信，彰显了中华民族从此站起来了的气魄与豪迈。

1953年5月，在中南海怀仁堂举办了一场特殊的美术展览，这是毛泽东在建国后参观的唯一画展，毛主席站在《开国大典》面前，感慨道：“是大国，是中国。”接着他又非常自豪地说，“我们的油画拿到国际去，别人是比不过我们的，因为我们有独特的民族形式。”1952年9月27日，人民日报在头版头条刊登了《开国大典》；同年，人民美术出版社将《开国大典》印成年画在全国发售；随后，《开国大典》又被收录进了中小学课本，并频繁出现在宣传画等多种宣传品中。董希文的名字在中华大地家喻户晓，《开国大典》也打开了中国人对油画、对艺术的认知之门。

（二）王式廓《血衣》

图十　王式廓《血衣》　布面木炭　192cm×345cm　1959年

图十一　王式廓《血衣》油画稿100cm×150.5cm　1964—1973年

【作者简介】王式廓（1911—1973），山东掖县（今莱州市）西由村人。当代革命现实主义画家和人民美术教育家。王式廓是一位多才多艺的艺术家，一生留下了许多优秀的作品，其中包括人们熟悉的油画、木刻、素描、速写，此外还有鲜为人知的中国画和书法。王式廓教授的素描在中国现代绘画史上享有很高的地位，有素描艺术巨匠的美誉。王式廓以一个艺术家敏锐的观察力，善于揭示每个人物的内心世界，并运用娴熟的艺术技巧塑造出一个个具有鲜明的个性、有血有肉的艺术形象，达到了形神兼备的艺术高度。

【作品赏鉴】《血衣》作品中，作者以“土地改革”为背景，画中画的是“土地改革斗地主”的一个场景。作者以农民及青年士兵的表情来表现自己对那些没有土地的和被剥夺土地的农民的深厚同情和热爱，对那些受侮辱，受损害的善良农民的悲惨遭遇的不平。也突出了这些受侮辱，受损害的善良农民久经磨难的经历和刚毅的性格。

观整幅作品，艺术风格质朴、浑厚，我们可以看出这幅画由三个部分组成。第一部分是领导土地改革的青年士兵，第二部分是广大的受侮辱、受损害的善良农民，第三部分则是台阶下面右侧的一个身子不正的庞大身影，代表的是地主阶级。

在第一部分，领导改革的士兵，他们在台阶的上面，代表着他们已经把地主阶级推下台，他们是领导者，给了那些农民予希望；在他们身后的墙上挂着毛主席的画像，更加表现出领导者所具有的崭新的面貌、强大的说服力和伟大的正义感，这证明了他们可以帮助农民解决问题。

第二部分，也是这幅画的主要元素。在最前面的那几个农民我们可以看出他们的表情和动作。最显眼的就是站在台阶上面的那位妇女，她手举着一件有些破旧而发黄的衣服，衣服随风扇动着，而那件衣服上有很显眼的一片鲜血的痕迹，这就是血衣。而那个妇女，她的内心，是愤怒的，她手中的血衣及他身旁的小孩，已经将她的痛苦、愤怒、哀伤表现得淋漓尽致。而在台阶下方有一位手持字据的老农，他仰头向前看去，面部的表情可以看出他对地主阶级的憎恶，以及对这次改革充满了希望，对自己即将收回自己的土地而开心。而正对我们视觉的那个残疾农民，可想而知，他受到的不仅是土地的剥削，还有肉体的残害，他身后双目失明的老母亲，她虽然看不见，但是她内心的痛苦，也不仅因为被剥夺土地，而且因为他孩子受残之痛。面对这次改革，老母亲虽看不见了，但她却俯首倾听着土地改革的宣布，能听到自己可以有属于自己的土地，能减少一分伤痛。

第三部分，那些地主阶级的代表者，已经被从高台上推下来了。这也标志着土地改革的成效，反封建的成效，革命领导者是可以为人类解决问题的。

画家从现实主义出发，用黑白对比的手法，奔放粗犷的线条，对人物细节的虚实处理达到了画面真实与现实真实的统一，使人物的外在形象与内心世界浑然一体，体现了画家对底层劳动者的同情和自身精湛的绘画技艺。

（三）天安门广场英雄纪念碑雕塑欣赏

人民英雄纪念碑位于北京天安门广场中心，是中华人民共和国政府为纪念中国近现代史上的革命烈士而修建的纪念碑。1949年9月30日，中国人民政治协商会议第一届全体会议决定，为了纪念在人民解放战争和人民革命中牺牲的人民英雄，在首都北京建立人民英雄纪念碑。

十块汉白玉的大浮雕，镶嵌在大碑座的四周。这些大浮雕分别以“虎门销烟”“太平天国”“武昌起义”“五四运动”“五卅运动”“南昌起义”“抗日战争”“胜利渡长江”为主题。浮雕高2m，总长40.68m，浮雕镌刻着一百七十多个人物形象，每个人物都和真人一样大小，他们的面貌、性格、思想、感情和姿态形象都不相同，生动而概括地表现出中国人民一百多年来，特别是在中国共产党领导下28年来反帝反封建的伟大革命斗争史实。从1949年9月30日奠基，历时9年，人民英雄纪念碑终于在1958年正式落成。人民英雄纪念碑碑文和浮雕，清晰展现了自鸦片战争以来中国人民浴血奋斗的艰辛历程，折射出实现中华民族伟大复兴的坚强意志。在过去的60年间，人民英雄纪念碑矗立在天安门广场上，承载着整个国家和民族对英雄先烈的纪念与缅怀。2014年8月31日第十二届全国人大常委会第十次会议通过关于设立烈士纪念日的决定，将9月30日人民英雄纪念碑的奠基日确定为烈士纪念日，也是为了充分体现“国庆勿忘祭先烈”的情怀、突出国家褒扬英烈的主题。这说明大家不仅重视纪念碑，也重视英雄烈士。同时，对广大人民群众弘扬社会主义核心价值观，坚定文化自信，也很有现实意义。

1.《虎门销烟》

图十二　《虎门销烟》画稿艾中信，雕刻曾竹韶，助手李祯祥

【作品赏析】从碑身东面起，按着历史顺序往下瞻仰。第一幅浮雕是《虎门销烟》，描述鸦片战争前夕，1839年6月3日，群众在虎门销毁鸦片的事迹。浮雕上，愤怒的群众正在把一箱箱毒害中国人民的鸦片运到海边，倾倒在放有石灰的窑坑里焚烧，一股股浓烟从石灰池上升起。人群后面，有炮台和千百只待发的战船，准备随时还击英帝国主义的挑衅。画面上人物的形象，表现出中国人民反抗帝国主义的坚定决心。

2.《太平天国》

图十三　《太平天国》画稿李宗津，雕刻王丙召

【作品赏鉴】东面的第二幅浮雕《太平天国》，是描写1851年太平天国的“金田起义”。太平天国是中国民主主义革命的序幕，它提出政治平等、经济平等、民族平等、男女平等的四大口号，严重地动摇了清朝封建统治的基础。在这幅浮雕上，一群拿着大刀、梭镖、锄头，扛着土炮起义的汉族、壮族人民的儿女，正从山坡冲下来，革命的旌旗在迎风飘扬。

3.《武昌起义》

图十四　《武昌起义》画稿董希文，雕刻傅天仇

【作品赏鉴】往南转到碑身的后面，看到的是《武昌起义》的庄严画面。1911年辛亥革命爆发，起义的新军和市民，摧毁了湖广总督门前的大炮，正向总督府里冲去。总督府内熊熊的火焰冒向天空；总督府的牌子，被打断在台阶上；撕碎了的清朝的龙旗，被践踏在地下。辛亥革命，结束了两千多年来的封建帝制。

4.《五四运动》

图十五　《五四运动》画稿冯法祀，雕刻滑田友

【作品赏鉴】五四运动是中国民主革命由旧民主主义革命转变为新民主主义革命的转折点。浮雕《五四运动》的画面显示出学生们齐集于天安门前举行爱国示威游行的情景。一群男女青年学生举着废除卖国密约的旗帜，慷慨激昂地来到天安门前，人群高处，一个男学生正在向围着他的群众演说。梳着髻子、系着长裙的女学生，在向市民们散发传单。愤激的青年演说者，怒形于色的人群，使整个浮雕充满了痛恨国贼，激动人心的气氛。

5.《五卅运动》

图十六　《五卅运动》画稿吴作人，雕刻王临乙

【作品赏鉴】南面的第三幅是《五卅运动》。1925年5月30日，上海群众一万多人在南京路上举行反帝国主义大示威，英国巡捕向徒手群众开枪射击，死伤多人。“五卅惨案”引起了全上海及全国人民的极大愤慨，促使全国范围的大革命风暴的爆发。这幅

浮雕表现出由工人阶级领导的各界人民坚强不屈地向帝国主义斗争的情景。画面上成千上万的工人、学生、市民举着“打倒帝国主义”的小旗，冲破英国巡捕的沙袋、铁丝网英勇地前进；商店关门罢市，戴着礼帽的商人也加入了斗争的行列；被打伤的工人，在战友们搀扶下，继续勇往直前；人群后面隐约能看到外滩的海关和银行大楼。

6.《南昌起义》

图十七 《南昌起义》画稿王式廓，雕刻萧传玖

【作品赏鉴】碑身的西面，第一幅是《南昌起义》浮雕。画面从一个连队的角度来表现这一伟大起义的情景。1927年8月1日早晨，一个连队的连长，挥着右手向战士们宣布起义，士兵们举着起义的信号——马灯，光辉的红旗举起来了，战马在呼啸，劳动人民正在帮助搬运子弹，战士们激昂地高呼着。从这时起，中国人民有了自己的武装部队，展开了以革命的武装反对国民党反动派的斗争。

7.《抗日战争》

图十八 《抗日战争》画稿辛莽，雕刻张松鹤

【作品赏鉴】紧接着的一幅是《抗日战争》，浮雕上显现出抗日战争时期太行山区敌后游击战的场面。远远望去，在一座雄伟峻峭的大山半山腰处，游击队员们正穿过高大的树林和茂密的青纱帐，去和敌人战斗。画面上，青年男女农民拿着铁铲背着土制地雷；白发的母亲送枪给儿子去打击日本侵略者；年轻小伙子站在指挥员身旁，等候命令，准备随时投入消灭敌人的战斗。

8.《胜利渡长江》

图十九 《胜利渡长江》画稿彦涵，雕刻刘开渠

【作品赏鉴】碑的正面是《胜利渡长江》。表现了解放战争时期人民解放军百万雄师胜利渡长江、解放全中国的浮雕，是十幅浮雕中最大的一幅。国民党认为不能逾越的天堑长江，被英勇无敌的人民解放军胜利地渡过了。浮雕上，号兵吹起冲锋号；指挥员右手高举，连连向高空发射信号弹，已登上敌岸的战士，踏着反动派的旗帜，向国民党反动统治的老巢——南京冲去。背后，数不清的战船正在波涛中前进。在这幅浮雕的两旁，是两块装饰性的浮雕。左边是渡江前夕，工人抬着担架、农民运送军粮、妇女送军鞋等热烈支援前线的场面。右边的一块表现全国各阶层人民举着红旗和鲜花，双手捧着水果，欢迎解放军、慰劳解放军的情景。

第四节 改革开放时期爱国主义美术选鉴

一、改革开放时期的社会背景

从1976—1979年，是新中国美术向改革开放的过渡与转换时期。作为过渡时期的美术工作，在体制方面，美术高考招生制度的恢复、各种美术机构的重新启动、专业美术刊物的复刊创刊等都预示着新时期美术改革开放时代的到来。当独立艺术成为文化生活中日益被接纳的组成部分时，美术家协会通过举办展览来支持正统的美术创作，1979年秋天，美术家协会为庆祝中华人民共和国成立30周年举办大型展览，周思聪的国画作品《人民和总理》夺得一等奖。1980年12月，罗中立的油画作品《父亲》在第二届“中国青年美术展”中轰动画坛，此画开创了超级写实主义的四川乡土画派，获得很高的赞誉。

二、代表画作赏鉴

（一）周思聪《人民和总理》

图二十　周思聪《人民和总理》 墨彩 151cm×217.5cm 1979年

【作者简介】周思聪（1939—1996），中国著名女画家，天津市人。1958年考入中央美术学院中国画系，曾得到李可染、蒋兆和、叶浅予、李苦禅等诸位名师指点，1963年毕业后被分配到北京中国画院（今北京画院），为北京画院一级美术师、中国美术家协会常务理事、中国美术家协会副主席。周思聪是我国著名的中国画画家，以画水墨人物为主。她的人生，可以当之无愧地被称为“艺术人生”。周思聪的绘画，从初期的探索到最后形成特有的风格，经历了写实、表现和抒情三个阶段，多年磨砺，终成一代国画大家。而贯穿始终的，是周思聪绘画中对劳动人民的深切同情、对真理和正义的不懈坚守，以及悲天悯人的动人力量。

【作品赏鉴】《人民和总理》是画家周思聪在1978年创作的，表现了邢台地震后，总理第一时间赶去灾区视察慰问。这幅作品中的人物众多，总理搀扶着一位白发的老妇人，周边围拢了许多乡亲，男女老少的表情凝重、悲痛，期盼的眼神催人泪下。左下是防震棚的一角，构图上，这块三角形的空白，既使画面不显得拥挤，又更突出了人物群像的中心——总理的形象。此时的周思聪，延续着徐悲鸿改良中国画的路子。画中人物情状惟妙惟肖，特别是对于诸多人物眼眶饱含泪水之刻画，视觉通感仿佛使观众听到了声音，似是悲歌，似是慰问，更是作者心境的诉说，其妙入神。这种饱含感情的塑造，也离不开周思聪扎实的造型功底及对材料的灵活运用：准确的人物造型呈现出一种雕塑感，似乎暗示着中国人民威武不屈的刚毅性格；而西方造型手法又被融入中国画的传统中，勾线皴擦笔墨酣畅，渲染着色恰到好处。此作获全国美术展一等奖，现藏中国美术馆。

（二）罗中立《父亲》

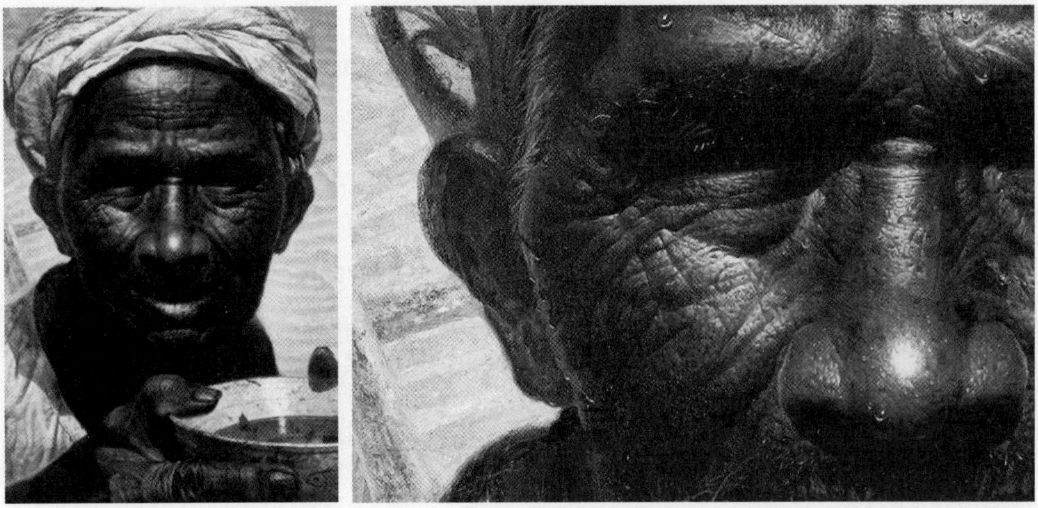

图二十一　罗中立《父亲》 布面油画 152cm×216cm 1980年

【创作背景】《父亲》是中国当代著名画家罗中立根据在大巴山生活的体验，以及与农民结下的深情，于1980年创作的作品。20世纪70—80年代，中国社会处于变革时代，人们的价值观念发生了极大的变化，主体意识开始觉醒，艺术的表现意识深化，这就形成了一个良好的客观的环境。反映在艺术创作上，艺术家开始对周围身边的琐事及普通人民产生浓厚的兴趣，从而改变了以革命领袖为主要描绘对象的创作方法，《父亲》就是在这样一个良好的氛围下应运而生的。

《父亲》中的艺术形象来源于一位名叫邓开选的普通农民。20世纪70年代农民进城主要是掏粪，以粪作肥料。为了这个肥料，那时候城里面每一个厕所都有农民住在里面。农民过年的时候也守在那个地方，所以农民的那个神态和姿势，引起作者很大的震撼。之后，他就画了守粪的农民，又画了一个当巴山老赤卫队员的农民，最后才有了现在这幅作品，开始画的名字是“粒粒皆辛苦”，后改成《我的父亲》，最后去掉了“我的”二字更名为《父亲》。

【作品赏析】该画的人物形象是人们再熟悉不过的老年农民形象，老人枯黑，干瘦的脸上布满了像沟壑，又如车辙似的皱纹，深陷的眼睛露出了凄楚、迷茫又带着恳切的目光，像是在缅怀过去，又像是在期待未来，让人们感受到那牛羊般的善良目光的“通视”。干裂、焦灼的嘴唇似乎已被风干许久，仅剩一颗门牙的嘴里不知饱尝过多少酸、甜、苦、辣，犹如耙子一般粗糙的大手捧着一个破了又被重新锔起的粗瓷碗在喝水，细小毛孔里渗出的汗珠不知已滑落多少，稀疏的胡须，还有那象征着悲剧色彩的苦命痣，都无不打上了他艰苦劳动、生活悲惨的烙印。站在这幅巨大的肖像画面前，使人们感到了他身上特有的烟叶味，感到他的肌肤在抖动，他的血液在奔流，叫人们思考，引起全社会的关注，激起广大观众的共鸣。面对《父亲》，使人们感到这是一个饱经沧桑，却又永远对生活充满希望、期待，有着乐观精神和坚韧的奋斗力的普通老农民，在他身上汇集着中华民族的优秀传统的百折不屈的创造力，这种强烈的视觉效果在观众的心中产生的是一股平凡而又伟大的情感，是撼人心魄的。正是罗中立毫不遮掩地把农民的“丑”真实地表现出来，才使得“父亲”的形象更加真实可信、有血有肉。

《父亲》被视为伤痕画派的一个重要代表，是一幅典型的乡土写实主义作品，表现了画家罗中立的乡土主义情怀，是罗中立本人对本土文化和艺术的坚守与挑战，也是为落后的农村及农民代言，让人们关注农民，关注那朴质的美与勤劳的品格。当人们凝视一个阳光下的慈父时，它的意义已不仅限于农民的力量所在，人们应该清楚地认识到它已经涉及了人类灵魂的象征。

第五节　新时期爱国主义美术选鉴

一、新时期的社会背景

21世纪以来，伴随着市场经济的不断发展，美术界边界开始变得模糊，进入了一个更加复杂的新阶段，也突显出了艺术现象的多样化。艺术家秉承社会责任感赋予了新世纪中国艺术以非凡的丰富性和影响力。如2008年的汶川大地震，四川人民经历了沉重的灾难，在党中央的快速决策与响应下，抗震救灾工作紧张有序进行着。很多当代著名画家也投身抗震救灾题材的艺术创作，并且通过捐赠作品的形式，为灾区人民贡献力量。

二、代表画作赏鉴

大型油画《热血5月·2008》

图二十二　大型油画《热血五月·2008》 布面油画 约200cm×2100cm 2008年

图二十三　《热血五月·2008》局部，表现救灾军民的坚毅目光

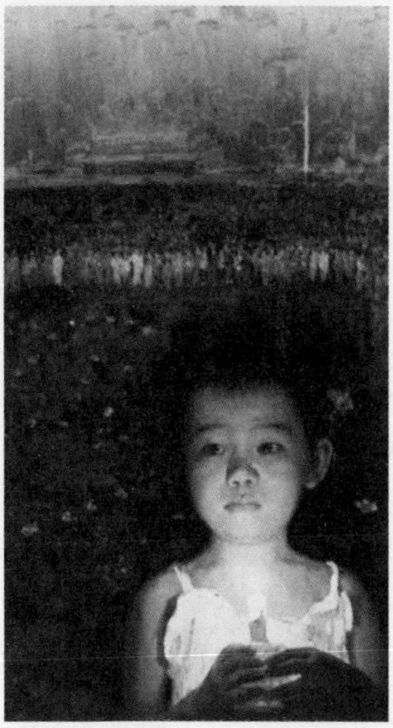

图二十四　《热血五月·2008》局部，表现人们的哀悼和祝福

【作品简介】大型油画《热血5月·2008》为200cm×2100cm，由16个画面组成，是由艾轩、杨飞云、王沂东、徐芒耀、何多苓、刘孔喜、尚丁、袁正阳、王宏剑、朝戈、夏星、张利、龙力游、李士进、徐唯辛、郑艺、翁伟、忻东旺、庞茂琨、冷军、殷雄、石良、李贵君、张义波、朱春林、王少伦26位著名油画家集体创作完成的。

【创作背景】2018年5月 12 日，中国汶川发生特大地震，8级地震顷刻间夺走了许多人的生命，也让更多人失去了原本美好的家园。举国之殇，全国哀痛！但面对大灾，我们仍能看到中国人的不屈与顽强，看到人类互助友爱的伟大。全世界各国人民纷纷通过捐款、捐物、为灾区人们祈祷、祝福等方式帮助灾区人们重建家园。汶川地震发生后的第二天，在中国写实画派的例会上，有画家倡议以集体创作的方式来反映这场特大灾害，并捐赠作品。这一倡议得到了艺术家们的积极响应。他们以最快的速度聚集起来，以时代美术馆作为创作基地，废寝忘食，夜以继日。伴随着莫扎特哀痛的《安魂曲》，艺术家们手执画笔激情创作。作品的题目是《热血5月・2008》，由26位画家以新闻图片为蓝本、按照主题从真实的记录中选择情景、人物，分9幅画来创作。从最初提出倡议到完成作品，仅用了14个日夜。该作品于2008年5月26日在北京时代美术馆展出。在5月27日中国嘉德国际拍卖有限公司组织的“共同渡过 中国当代艺术赈灾义拍”中，该作品经过43次叫价，最终以3350万元人民币成交。

这就是由26位油画家共同创作的《热血五月・2008》，这个长达21米的巨幅画卷，按顺序讲述了地震发生、全民救援、共同祈祷的故事。画的起始，表现地震灾难突然降临时惊慌的人群；画的主体部分，画的是部队进入，灾区有了新生的希望；画的结束部分，重建家园，为灾区祈祷。这些画作都取材于真实的新闻图片，从真实的记录中选择情景人物，经过艺术加工后形成。

【作品赏鉴】在“大型油画作品《热血五月・2008》学术座谈会”上，中国艺术研究院院长王文章说，这组作品充分显示了中国写实画派在艺术发展中的重要地位。反映刚刚发生的抗震救灾的现实生活，有这样的思想感染力，达到这样的艺术高度，写实画派又开拓了一个新境界。

“历史上根据重大事件、新闻图片创作的很多不朽之作，都因震撼人心的力量而获得了持久的生命力。《热血五月・2008》的成功，说明对人性和人文情怀的挖掘与积极颂扬是美术创作的永恒主题。”中央美术学院教授邵大箴说。中央美术学院教授钟涵认为，这组作品图像内容统一连贯，内在精神互相呼应，可以看出艺术家们技术积累、素材选择的功力；在审美方面，作品用宏大叙事对中国人英雄主义的讴歌，突破了古典写实阴柔之美，充分展现出写实画作炙热的阳刚之美。中国油画院院长杨飞云说，艺术是心灵共鸣的产物，整个民族表现出的患难与共的精神，使身处其中的艺术家感到了一种力量，我们在这一刻一拍即合。以往美术创作更多注重表现自己的理想，关注个人的情感和体验，在这次创作中深感“小我”的情绪与“大我”的情怀无法比拟。除了抒发个人情怀外，艺术家还要更好地融入时代，用艺术方式关注和表现现实生活，使艺术发挥更大的社会价值。

可以这样说，《热血5月・2008》等作品是史无前例的集体性创作——能在这些作品上签名的不仅包括参与创作的画家群体，还应该包括记者、救援人员和灾区人民。表现了中国人民众志成城、抗震救灾的感人情景，也表达艺术家对灾区人民的深切爱心。

第四章 爱国主义歌曲选鉴

第一节 爱国主义歌曲概述

自1921年中国共产党成立至今，在中国共产党领导下，引领先进思想并推动时代、民族与社会不断进步的音乐，伴随着中华民族走向辉煌灿烂的21世纪。爱国主义歌曲是积极向上的进步歌曲，最直接地反映时代、民族及社会内容，在艺术形式上呈现新文化的鲜明特征。因此，爱国主义音乐产生了强大的艺术影响力，并推动中国音乐艺术迅速全面发展。音乐中呈现出丰富多彩的艺术形式，所有这些艺术形式反映在各类声乐、器乐、歌剧与舞剧以及歌舞音乐中，能够在广大人民群众中流传经久不衰。人们通过爱国主义歌曲追忆往昔与今天幸福生活的来之不易，激励人们共同创造和谐社会。通过爱国主义歌曲的欣赏，可以使学生在艺术教育中获得创作、表演、研究等技能，在思想、审美、情操以及工作方式及生活态度等方面的塑造和提升。

爱国主义歌曲创作源泉是民歌，这就决定了它为普通老百姓所喜闻乐见。曲调优美，语言精炼。每一首流传至今的歌曲，都是在人们的反复传唱中日益精炼、成熟的。从井冈山时期的江西民歌、延安时期的“信天游”，到新中国成立后和改革开放后的满怀豪情的歌曲，不同时期不同地域的民歌构成了爱国主义歌曲多样化的风格，具有广泛的群众基础。赞扬和歌颂祖国的歌曲，无论是词还是曲，都显得简洁、单纯、明畅、优美，有较强的节奏感。歌曲还具有时代性。无论是旋律还是歌词都非常贴近生活。其歌词内容固然反映了不同时代的建设与生活实践，呈现出特定的时代性；其旋律也反映那一时期的真实生活和精神状态。

爱国主义歌曲艺术特色质朴，真实地反映人民群众的思想感情，讴歌了祖国，讴歌了人民，讴歌了党，闪烁着艺术光芒。以歌咏志，力求既具有欣赏、典藏价值，又具有实用、参考价值。这里选编了34首积极弘扬主旋律的歌曲。入选的歌曲大多是在各个历史时期涌现的、在人民群众中广为传唱的经典、优秀作品。

第二节　新中国成立前爱国主义歌曲选鉴

一、《义勇军进行曲》

起来！不愿做奴隶的人们！
把我们的血肉筑成我们新的长城！
中华民族到了最危险的时候，
每个人被迫着发出最后的吼声。
起来！起来！起来！
我们万众一心，
冒着敌人的炮火，前进！
前进！前进、进！

【创作背景】《义勇军进行曲》最早是电影《风云儿女》的主题曲。1934年秋，田汉为该片写了一首长诗，即《义勇军进行曲》的原始手稿。聂耳在收到歌词后很快就完成了曲谱初稿，使歌曲曲调和节奏更加有力，从而完成了歌曲的创作。这首歌被称为中华民族解放的号角，自1935年在民族危亡的关头诞生以来，对激励中国人民的爱国主义精神起了巨大的作用，后成为中华人民共和国国歌。

【歌曲赏鉴】极富创造性的歌曲，作曲家聂耳以巨大的激情投入此歌的创作中。在旋律创作上，他既吸收了国际上革命歌曲的优秀成果和西欧进行曲的风格特点，又使之具有浓郁的民族特色，发挥其引领战斗作用。歌曲开始是6小节进军号般的前奏。它具有铿锵的节奏、明亮雄伟的旋律，其中三连音的妙用，更增强了歌曲的战斗气氛。前奏虽然短小，但却蕴含着整个歌曲情感和旋律发展的基础，给人以坚定不移、势不可挡之感。聂耳根据歌词分句的特点，把这首歌曲处理成由6个长短不等的乐句所形成的自由体结构。衔接紧密，发展自然，唱起来起伏跌宕、浑然一体。歌词第一、二句都是带有号召性的，显得庄严雄伟而又富有推动力。《义勇军进行曲》以其高昂激越、铿锵有力的旋律和鼓舞人心的歌词，表达了中国人民对帝国主义侵略的强烈愤恨和反抗精神，体现了伟大的中华民族勇敢、坚强、团结一心的英雄气概。

二、《没有共产党就没有新中国》

没有共产党就没有新中国，
没有共产党就没有新中国，
共产党辛劳为民族，
共产党他一心救中国，
他指给人民解放的道路，
他领导中国走向光明，
他坚持抗战八年多，
他改善了人民生活，
他建设了敌后根据地，
他实行了民主好处多。
没有共产党就没有新中国，
没有共产党就没有新中国。
没有共产党就没有新中国，
没有共产党就没有新中国，
共产党辛劳为民族，
共产党他一心救中国，
他指给了人民解放的道路，
他领导中国走向光明，
他坚持抗战八年多，
他改善了人民生活，
他建设了敌后根据地，
他实行了民主好处多。
没有共产党就没有新中国，
没有共产党就没有新中国。

【创作背景】《没有共产党就没有新中国》的歌词于1943年秋季创作于晋察冀平西抗日根据地。在这一时期抗日战争进入最艰苦时期，但抗战的总体形势开始进入反攻阶段，初见胜利的曙光。然而就在这时，日本帝国主义和国民党反动派对我根据地实行双重打击。为发展和巩固抗日胜利果实，反对国民党的分裂，中国共产党于1943年8月

25日在《解放日报》发表题为《没有共产党，就没有中国》的社论，并在结尾说：“如果今日的中国，没有中国共产党，那就是没有了中国”。时年19岁的中共党员曹火星由此创作了歌曲“没有共产党就没有中国”。后毛泽东建议添加上”新”字，并将歌词做了小幅改动。这首歌曲的传唱，始终伴随着人民军队进军的步伐，伴随着民族解放的前进号角。中国共产党领导中国人民赢得了抗日战争、解放战争的胜利，从此中国走向繁荣富强。

【歌曲赏鉴】这首歌曲用群众的语言表达广大人民对于中国共产党的拥护，带领人民走向新的幸福生活的心声，更重要的是道出了只有中国共产党带领人民从黑暗走向光明，建立全新的国家的真理。在音乐创作上，年仅19岁的中共党员曹火星积极投身歌曲创作，借用平西地区民间地流行的“霸王鞭”民歌的音乐基调填新词，并以铿锵有力的进行曲速度和叙述性的语言诠释作品内容。歌曲里蕴含的饱满的热情，响遍了大江南北，也迎来了胜利的曙光，成为表达人民群众对祖国真挚情感的代表性群众歌曲。

三、《三大纪律八项注意》

革命军人个个要牢记，
三大纪律八项注意。
第一，一切行动听指挥，
步调一致才能得胜利。
第二，不拿群众一针线，
群众对我拥护又喜欢，
第三，一切缴获要归公，
努力减轻人民的负担。
三大纪律我们要做到，
八项注意切莫忘记了。
第一，说话态度要和好，
尊重群众不要耍骄傲。
第二，买卖价钱要公平，
公买公卖不许逞霸道。
第三，借人东西用过了，
当面归还切莫遗失掉，
第四，若把东西损坏了，

照价赔偿不差半分毫，
第五，不许打人和骂人，
军阀作风坚决克服掉。
第六，爱护群众的庄稼，
行军作战处处注意到。
第七，不许调戏妇女们，
流氓习气坚决要除掉，
第八，不许虐待俘虏兵，
不许打骂不许搜腰包，
遵守纪律人人要自觉，
互相监督切莫违反了，
革命纪律条条要记清，
人民战士处处爱人民。
保卫祖国永远向前进，
全国人民拥护又欢迎。

【创作背景】1947年10月10日，毛泽东起草《中国人民解放军总部关于重新颁布三大纪律八项注意的训令》，对其内容做了统一规定。本军三大纪律八项注意，实行多年，现在统一规定，重行颁布。深入教育，严格执行。可根据具体情况，规定若干项目，以命令施行之。《三大纪律八项注意》被誉为”红色经典第一歌”和”中国第一军歌”。

【歌曲赏鉴】《三大纪律八项注意》言简意赅，包含了丰富而深刻的思想内容。不拿群众一针一线的严格纪律，以及说话和气、买卖公平、借东西要还等具体要求，体现了中国人民解放军的性质、全心全意为人民服务的宗旨和军民一致的原则，表明中国人民解放军是一支无产阶级的新型人民军队。保证军队执行中国共产党的路线，胜利完成各项任务是最基本的纪律要求。体现了无产阶级解放全人类的政治胸怀、革命人道主义精神和瓦解敌军的原则。三大纪律八项注意是贯彻党的路线、方针、政策和完成各项任务的重要保证，是军队战斗力的重要因素。它对于加强军队建设，密切军民关系，增强官兵团结，夺取革命战争的胜利，起了重大的作用。人民解放军官兵来自人民，具有高度的革命事业心，自觉地把三大纪律八项注意作为行为规范严格遵照执行，从而获得了全国人民的真诚拥护和欢迎。

四、《南泥湾》

花篮的花儿香，
听我来唱一唱，
唱一呀唱，
来到了南泥湾，
南泥湾好地方，
好地呀方。
好地方来好风光，
好地方来好风光，
到处是庄稼，遍地是牛羊。
往年的南泥湾，
处处是荒山，
没呀人烟，
如今的南泥湾，
与往年不一般，
不一呀般。
如今的南泥湾，
与往年不一般，
再不是旧模样，
是陕北的好江南。
陕北的好江南，
鲜花开满山，
开呀满山。
学习那南泥湾，
处处呀是江南，
是江呀南。
又战斗来又生产，
三五九旅是模范，
咱们走向前，
鲜花送模范。

【创作背景】《南泥湾》是由贺敬之作词、马可谱曲的一首陕北民歌，它诞生于1943年，此曲旋律优美、抒情，热情歌颂了开荒生产建立功勋的八路军战士，歌颂他们把荒凉的南泥湾改造成了美丽的“江南”。1941年面对日寇发起的连续大规模的“扫荡”，中国共产党为了坚持抗战，组织军民开展生产，坚持持久抗战。由此，在各抗日根据地开展了声势浩大的“大生产运动”。陕甘宁边区军民大生产运动渐入高潮，马可与贺敬之结合自己深入部队的感受，构思出一支名为《挑花篮》的秧歌舞，最后一段《南泥湾》是小场秧歌舞中的一个歌舞片段。尽管演出后这个小场歌舞没有流传下来，但这个歌舞片段中的一首歌曲被人们广为传唱，并因歌词中所唱到的“南泥湾”而被定名为《南泥湾》。

【歌曲赏鉴】歌曲《南泥湾》由三段歌词组成，第一段是对南泥湾大自然风光的抒情性描写，第二、三段通过南泥湾今昔面貌的对比，表达对人民的赞美和歌颂。作品歌词通俗，词意与情感随着音乐婉转起伏，采用复乐段分节歌结构，主部唱段由起、承、转、合四乐句构成，体现民族音乐五声调式的婉转、秀丽、韵味十足。

五、《保卫黄河》

（朗诵）但是，
中华民族的儿女啊，
谁愿意像猪羊一般
任人宰割？
我们要抱定必胜的决心，
保卫黄河，
保卫华北，
保卫全中国！
风在吼，
马在叫，
黄河在咆哮，
黄河在咆哮，
河西山冈万丈高，
河东河北高粱熟了。
万山丛中，
抗日英雄真不少！

青纱帐里，
游击健儿逞英豪！
端起了土枪洋枪，
挥动着大刀长矛，
保卫家乡！
保卫黄河！
保卫华北！
保卫全中国！
风在吼，
马在叫，
黄河在咆哮，
黄河在咆哮，
河西山冈万丈高，
河东河北高粱熟了。
万山丛中
抗日英雄真不少！
青纱帐里，
游击健儿逞英豪！
端起了土枪洋枪，
挥动着大刀长矛，
保卫家乡！
保卫黄河！
保卫华北！
保卫全中国！
风在吼，
马在叫，
黄河在咆哮，
黄河在咆哮，
河西山冈万丈高，
河东河北高粱熟了，
万山丛中，
抗日英雄真不少，

青纱帐里游击健儿逞英豪！
端起了土枪洋枪，
挥动着大刀长矛，
保卫家乡！
保卫黄河！
保卫华北！
保卫全中国！

【创作背景】1931年1月，诗人光未然带领抗敌演剧第三队到达延安，一路上他们从陕北宜川县壶口附近东渡吕梁山抗日根据地，目睹黄河船夫与狂风恶浪搏斗的情景，又看到战士抗击敌寇英勇战斗的情景，他抵达延安后，迅速创作出组诗《黄河》，冼星海为诗歌谱曲，完成了这部具有极高艺术价值的大型声乐套曲《黄河大合唱》。《保卫黄河》是《黄河大合唱》的第七乐章，写成于抗日战争时期。歌曲采用齐唱、轮唱的演唱形式。具有广泛的群众性，是抗日军民广为传播的一首歌曲。《黄河大合唱》为我国现代大型声乐创作提供了光辉的典范。在20世纪60年代后期，还被改编为钢琴协奏曲。

【歌曲赏鉴】《保卫黄河》全曲采用了进行曲体裁、以短促跳动、振奋人心的音调、响亮的战斗口号、铿锵有力的节奏，以快速大跳的动机和逐步扩张的音型，使歌曲充满力量的感情，形象地刻画了游击健儿端起土枪洋枪、挥动大刀长矛，在青纱帐里、万山丛中，为保卫黄河、保卫全中国而战斗的壮丽场景。这首歌采用了民间打击乐节奏和广东狮子舞音乐旋律为素材，使歌曲显得明快、豪放、音乐形象分外鲜明，并具有浓厚的民族风格。

歌曲一、四部分合唱，二、三部分轮唱，此起彼伏，一浪高过一浪，恰似黄河的波涛滚滚奔流，势不可挡。轮唱时“龙格龙格”的人声伴唱，听来变化无穷，情趣横生，增强了生动、活跃、乐观的气氛。巧妙地隐喻了抗日武装队伍由小到大、由弱到强，终于汇成了一支不可战胜的力量。它将压倒一切敌人，显示了英雄民族的伟大气魄。轮唱之后的一大段器乐间奏，不仅渲染了气氛，刻画了形象，又为结束段转向高潮做好了铺垫，使结束段更凸显了中国人民誓将侵略者消灭干净的坚强决心。

钢琴协奏曲《黄河》是根据我国著名音乐家冼星海的不朽名作《黄河大合唱》改编而成。钢琴协奏曲《黄河》始创于1969年。《保卫黄河》是钢琴协奏曲《黄河》的第四乐章，采用自由变奏曲式写成。

钢琴协奏曲《黄河》在创作中运用了西洋古典钢琴协奏曲的表现手法，在曲式结构上又体现了中国传统风格，以标题性组曲的形式写成。今天，这部脍炙人口的作品已冲出国门，成为一部在世界范围内音乐会舞台上经常演出的曲目。

六、《东方红》

东方红太阳升，
中国出了个毛泽东，
他为人民谋幸福，
呼儿嗨哟，
他是人民大救星。
他为人民谋幸福，
呼儿嗨哟，
他是人民大救星。
毛主席爱人民，
他是我们的带路人，
为了建设新中国，
呼儿嗨哟，
领导我们向前进。
为了建设新中国，
呼儿嗨哟，
领导我们向前进。
共产党像太阳，
照到那里那里亮，
哪里有了共产党，
呼儿嗨哟，
那里人民得解放。
哪里有了共产党，
呼儿嗨哟，
那里人民得解放。
东方红太阳升，
中国出了个毛泽东，
他为人民谋幸福，
呼儿嗨哟，

他是人民大救星。

【创作背景】《东方红》由李有源、公木作词，李焕之编曲，是当年陕甘宁边区新民歌的代表作。这首最早在陕北传唱的歌曲以朴实的语言，唱出了人民群众对伟大领袖毛泽东主席及其领导的中国共产党的深情，歌词简单，情感真实，旋律好记，因此流传极广。

【歌曲赏鉴】《东方红》是抗日战争期间人民用以表达对领袖毛泽东主席、对中国共产党由衷的感激之情而创作的颂歌。多少年来，这一颂歌，随着全中国的解放，随着新中国的逐步繁荣、富强传唱开来。1970年，中国第一颗人造卫星升空，其中搭载的仪器演奏的歌曲就是《东方红》。2007年，中国第一颗探月卫星嫦娥一号中，中国国歌《义勇军进行曲》和《东方红》因其重要地位无需选拔而成为搭载歌曲。

七、《渔光曲》

鱼儿藏在水中，
早晨太阳里晒渔网，
迎面吹过来大海风。
潮水升，浪花涌，渔船儿飘飘各西东；
轻撒网，紧拉绳，烟雾里辛苦等鱼踪。
鱼儿难捕船租重，
捕鱼人儿世世穷，
爷爷留下的破渔网，
小心再靠它过一冬！

【创作背景】《渔光曲》是1934年由蔡楚生主编剧和执导的剧情影片。该影片明显地突破了早期中国电影的影戏观念，格调凄婉压抑，节奏缓慢抒情。尤其是多次出现的主题歌《渔光曲》的词曲有极强的艺术感染力。影片在上海创连映84天的新纪录。1935年3月，该片参加莫斯科国际电影博览会获“荣誉奖”，成为我国历史上第一部获国际电影奖项的作品。

【歌曲赏鉴】安娥作词，任光谱曲，作于1934年。词曲有极强的艺术感染力，旋律抒情、流畅，节奏从容、舒缓，至今仍然是一首富有艺术生命力的抒情歌曲。

八、《长城谣》

万里长城万里长，
长城外面是故乡。
高粱肥，大豆香，
遍地黄金少灾殃。
自从大难平地起，
奸淫掳掠苦难当。
苦难当，奔他方，
骨肉离散父母丧。
没齿难忘仇和恨，
日夜只想回故乡。
大家拼命打回去，
哪怕我独逞豪强。
万里长城万里长，
长城外面是故乡。
四万万同胞心一样，
新的长城万里长。
四万万同胞心一样，
新的长城万里长。

【创作背景】《长城谣》这首歌是潘孑农、刘雪庵于1937年七七事变后在上海创作的，原是为华艺影片公司所拍摄的电影剧本《关山万里》所作的插曲。歌曲短小易传唱，旋律优美，表现出中国人民威武不屈、团结斗争必胜的决心。

【歌曲赏鉴】“万里长城万里长，长城外面是故乡。高粱肥，大豆香，遍地黄金少灾殃。”这首歌的音乐苍凉悲壮，淳朴自然，感情深切。在音乐上极具民族风格，听起来亲切、优美，是抗日救亡经典歌曲之一。音乐苍凉悲壮，感情深切而不缠绵。在音乐上极具民族风格，在写法上与民歌相似，同时兼有叙事和抒情的特点。旋律起伏不大，节奏进行平稳、音域不宽，整个曲调建立在五声音阶的基础上，听起来亲切、优美；唱起来既口语化，又有民族特色。由于这首歌曲具有上述旋律、节奏及结构等方面的特点，使之能在抗战时期广为流传，倾诉了人民被迫离家流浪的苦难，从而激发人民同仇敌忾的爱国热情。

九、《松花江上》

我的家在东北松花江上，
那里有森林煤矿，
还有那满山遍野的大豆高粱。
我的家在东北松花江上，
那里有我的同胞，
还有那衰老的爹娘。
九一八，九一八，
从那个悲惨的时候！
九一八，九一八！
从那个悲惨的时候，
脱离了我的家乡，
抛弃那无尽的宝藏，
流浪！流浪！
整日价在关内，流浪！
哪年，哪月，
才能够回到我那可爱的故乡？
哪年，哪月，
才能够收回那无尽的宝藏？
爹娘啊，爹娘啊。
什么时候，
才能欢聚一堂？

【创作背景】《松花江上》是1935年张寒晖在西安目睹东北军和东北人民流亡惨状而创作的一首抗日歌曲。歌曲唱出了九一八事变后东北民众及中国人民的悲愤情怀，被誉为《流亡三部曲》之一，传唱于中华大地。

【歌曲赏鉴】具有倾诉性、叙述性兼抒情性的特点。歌词内容有很强的说服力，真切感人。第一部分是由两个乐段组成，每一段又都由三个乐句构成。这一部分的音调富于叙事与抒情的特点。第二部分的旋律以环回萦绕、反复咏唱的方式展开，感情越来越激动，具有回肠欲断的效果。这部分以呼喊似的音调、悲愤的情绪，控诉日本帝国主义入侵东北后的滔天罪行，表达了东北人民要求收复失地的强烈愿望。最后的尾声，唱出了呼天唤地似的旋律，使歌曲达到了高潮。在声泪俱下的悲痛中，蕴藏着要求起来反抗斗争的力量。

第三节　建设时期爱国主义歌曲选鉴

一、《中国人民解放军军歌》

向前！向前！向前！
我们的队伍向太阳！
脚踏着祖国的大地，
背负着民族的希望，
我们是一支不可战胜的力量。
我们是工农的子弟，
我们是人民的武装，
从无畏惧，绝不屈服，英勇战斗，
直到把反动派消灭干净，
毛泽东的旗帜高高飘扬。
听！风在呼啸军号响，
听！革命歌声多么嘹亮！
同志们整齐步伐奔向解放的战场，
同志们整齐步伐奔赴祖国的边疆，
向前！向前！
我们的队伍向太阳，
向最后的胜利，
向全国的解放！

【创作背景】抗日战争胜利后，《八路军进行曲》原歌词被适当地调整，原歌词“自由的旗帜高高飘扬”，被改为“朱德的旗帜高高飘扬”，后由中央军委改名为《中国人民解放军进行曲》。后来，又被改为“毛泽东的旗帜高高飘扬”。1988年7月25日，经党中央批准，中央军委决定将《中国人民解放军进行曲》定为中国人民解放军军歌。

【歌曲赏鉴】《中国人民解放军军歌》的歌词内容反映了中国人民解放军的性质、任务、革命精神和战斗作风。曲调气势磅礴，坚毅豪迈，热情奔放。词曲浑然一体，表现了人民军队一往无前、无坚不摧的革命精神，塑造了中国人民解放军肩负历史重托，为中华民族的解放英勇奋战的英雄形象。

《中国人民解放军进行曲》形象鲜明，旋律流畅，音调坚实，节拍规整，集中表现了人民军队豪迈雄壮的军威，具有一往无前的战斗风格和摧枯拉朽的强大力量。

二、《光荣啊，中国共青团》

我们是五月的花海，
用青春拥抱时代；
我们是初升的太阳，
用生命点燃未来。
五四的火炬，
唤起了民族的觉醒。
壮丽的事业，
激励着我们继往开来。
光荣啊，中国共青团，
光荣啊，中国共青团，
母亲用共产主义为我们命名，
我们开创新的世界。

【创作背景】《光荣啊，中国共青团》是中国共产主义青年团的团歌。胡宏伟作词，雷雨声作曲。胡宏伟16岁入团，22岁在部队入党，其间在团组织做宣传工作。1987年5月，34岁的胡宏伟在《中国青年报》上看到征集团歌的启事后，他热血沸腾，经过反复修改，将《光荣啊，中国共青团》寄到了《中国青年报》，2003年7月22日，《光荣啊，中国共青团》被正式定为中国共产主义青年团团歌。

【歌曲赏鉴】2003年3月，胡宏伟进京对歌曲《光荣啊，中国共青团》做进一步的修改完善。老版本是盒式磁带形式，时间大约1分47秒，整首曲子重复两遍，录制是成人齐唱。为了体现时代感，胡宏伟曾试图把“壮丽的事业，激励着我们继往开来”改为“伟大的复兴，激励着我们继往开来”以适应时代的发展。后来共青团中央领导和音乐界人士考虑到原词已经在广大团员中广为传唱，最终歌词未改动。2003年3月10日，有关单位组织在北京八一电影制片厂录制新版本，新版本在时间上进行了压缩，改为副歌反复，制成光碟。

三、《歌唱祖国》

五星红旗迎风飘扬，胜利歌声多么响亮；
歌唱我们亲爱的祖国，从今走向繁荣富强。
越过高山，越过平原，跨过奔腾的黄河长江；
宽广美丽的土地，是我们亲爱的家乡。
英雄的人民站起来了！ 我们团结友爱坚强如钢。
五星红旗迎风飘扬，胜利歌声多么响亮；
歌唱我们亲爱的祖国，从今走向繁荣富强。
歌唱我们亲爱的祖国，从今走向繁荣富强。
我们勤劳，我们勇敢，独立自由是我们的理想；
我们战胜了多少苦难，才得到今天的解放！
我们爱和平，我们爱家乡，谁敢侵犯我们就叫他灭亡！
五星红旗迎风飘扬，胜利歌声多么响亮；
歌唱我们亲爱的祖国，从今走向繁荣富强。
歌唱我们亲爱的祖国，从今走向繁荣富强。
东方太阳，正在升起，人民共和国正在成长；
我们领袖毛泽东，指引着前进的方向。
我们的生活天天向上，我们的前途万丈光芒。
五星红旗迎风飘扬，胜利歌声多么响亮；
歌唱我们亲爱的祖国，从今走向繁荣富强。
歌唱我们亲爱的祖国，从今走向繁荣富强。

【创作背景】《歌唱祖国》由王莘作词作曲，作于1950年9月。歌曲表现了中华人民共和国朝气蓬勃、蒸蒸日上的新面貌，记录了刚刚解放的中国人民雄壮前进的步伐。歌词凝练集中，具有鲜明生动的形象；旋律气势豪迈而充满深情，连贯统一又富于变化，在继承聂耳、冼星海革命群众歌曲传统的基础上，创造了新时代的新风格歌曲。由长度相等的主、副歌组成，主歌每段歌词不同，表现了同一主题的不同侧面；副歌歌词不变，是歌曲主题集中的体现，两者在节奏、结构、音调诸方面形成强烈的对比，是一首具有深刻思想性，又具有高度艺术性的祖国颂歌。几十年来，这首歌传遍了祖国大地，已成为独立自由的新中国的象征。

【歌曲赏鉴】受到新中国成立的情绪感召，当时无论是专业还是业余的作者，都不禁提起手中的笔，写下一首又一首关于歌唱祖国的歌曲。而师从冼星海等海归音乐家的王莘，在20世纪30年代起就参加了抗日救亡的歌咏活动，其创作的《歌唱祖国》，可以说是红色音乐家们在建国之后对革命传统的继承性作品。

《歌唱祖国》虽然是王莘个人的创作，但却是新中国成立初期一代中国人豪情、理想和信念的缩影。同属爱国歌曲，与诞生在特殊历史条件下、战斗气息十足的《义勇军进行曲》相比，新中国成立前的爱国歌曲重心在救国，而《歌唱祖国》更侧重的是建设祖国的热情。创作于新中国成立之后的《歌唱祖国》，则因为和平时代的到来，而更多集中表达对今天的骄傲和自豪，以及对未来的信心和展望。

四、《我们走在大路上》

我们走在大路上，
意气风发斗志昂扬，
共产党领导革命队伍，
披荆斩棘奔向前方。
向前进！向前进！
革命气势不可阻挡，
向前进！向前进！
朝着胜利的方向。
革命红旗迎风飘扬，
中华儿女发愤图强，
勤恳建设锦绣河山，
誓把祖国变成天堂。
向前进！向前进！
革命气势不可阻挡，
向前进！向前进！
朝着胜利的方向。
我们的道路洒满阳光，

我们的歌声传四方，
我们的朋友遍及全球，
五洲架起友谊桥梁。
向前进！向前进！
革命气势不可阻挡，
向前进！向前进！
朝着胜利的方向。
我们的道路多么宽广，
我们的前程无比辉煌，
我们献身这壮丽的事业，
无限幸福无限荣光。
向前进！向前进！
革命气势不可阻挡，
向前进！向前进！
朝着胜利的方向。

【创作背景】由著名的人民音乐家李劫夫作词作曲的歌曲《我们走在大路上》，几乎唱遍了祖国的长城内外、大江南北。这首慷慨激昂，意气风发，让人在当时那个时期一唱起来就热血沸腾，豪情满怀，浑身上下充满战胜一切艰难困苦的前进力量的歌曲，流传至今，已成为跨世纪的经典音乐作品。

【歌曲赏鉴】该作品是由李劫夫于1963作词作曲的一首红色经典歌曲。这是一首鼓舞人们士气的歌曲，1997年7月香港回归祖国，党和国家领导人江泽民等与首都数万名群众一道齐声高歌了《我们走在大路上》。此歌曲旋律优美，动听上口，具有很强的音乐性和音乐表现力，用简单、概括的语言来表达情感，是超越时空的优秀音乐作品。

五、《社会主义好》

社会主义好，
社会主义好！
社会主义国家人民地位高，
反动派被打倒，
帝国主义夹着尾巴逃跑了。

全国人民大团结，
掀起了社会主义建设高潮，
建设高潮！
共产党好，
共产党好！
共产党是人民的好领导，
说得到，做得到，
全心全意为了人民立功劳。
坚决跟着共产党，
要把伟大祖国建设好，
建设好！
社会主义好，
社会主义好，
社会主义江山人民保。
人民江山坐得牢，
反动分子想反也反不了。
社会主义社会一定胜利，
共产主义社会一定来到，
一定来到！
共产党好，
共产党好！
共产党领导中国富强了；
人民江山坐得牢，
反动分子想反也反不了。
社会主义社会一定胜利，
共产主义社会一定来到，
一定来到！
共产主义社会一定来到，
一定来到！

【创作背景】《社会主义好》是20世纪50年代最流行的革命歌曲。希扬词，李焕之曲。歌曲进行速度，旋律奋发激昂，高度颂扬了在共产党领导下的新中国人民掀起了社会主义建设高潮的欣欣向荣的繁荣景象，同时唱出了全国人民坚决跟定共产党走社会主义道路的坚强决心。这首歌曲曾被选为15首革命歌曲之一，收入《革命歌曲大家唱》合辑之中，教育和影响了新中国几代人的思想和成长。

【歌曲赏鉴】此歌曲是随新中国的成立而诞生的革命歌曲。它以朴实的语言，浑厚的旋律和直抒胸怀的手法，表达了新中国人民对党、对社会主义的真挚感情。从这首广为传唱的歌曲中也可以看出全国人民“掀起了社会主义建设高潮”的满腔热情和对“社会主义一定胜利，共产主义社会一定来到”的万分自信。

六、《十送红军》

一送（里格）红军，（介支个）下了山，秋雨（里格）绵绵，（介支个）秋风寒，
树树（里格）梧桐，叶落尽，愁绪（里格）万千，压在心间，
问一声亲人，红军啊，几时（里格）人马，（介支个）再回山，
两送（里格）红军，（介支个）到麦田，麦地（里格）熟了，（介支个）要远行，
送我儿郎（介支个）去参军，千难万险不忘本，平平安安报佳音，
亲人啊，待到春时，（介支个）望家看，
三送（里格）红军，（介支个）到拿山，山上（里格）包谷，（介支个）金灿灿，
包谷种子（介支个）红军种，包谷棒棒，咱们穷人搬，
紧紧拉住红军手，红军啊，洒下的种子，（介支个）红了天，
四送（里格）红军（介支个）月光寒，十里（里格）泥泞（介支个）不嫌远，
秋凉（里格）别忘添衣衫，相见（里格）难哪别亦难，
捧一把山里土，红军啊！亲人（里格）一去（介支个）莫走远，
五送（里格）红军，（介支个）五斗江，江上（里格）船儿，（介支个）穿梭忙，
千军万马（介支个）江畔站，四方百姓泪汪汪，恩情似海不能忘，
红军啊，革命成功，（介支个）早归乡，
六送（里格）红军（介支个）过了坡，鸿雁（里格）阵阵（介支个）空中过，
鸿雁（里格）能够捎书信，鸿雁（里格）飞到天涯海角，
千言万语嘱咐红军啊！捎信（里格）多把（介支个）革命说，
七送（里格）红军（介支个）七里湾，湾里（里格）秋高（介支个）片片田，
凉风（里格）阵阵稻谷香，新米（里格）来，人走远，
鱼水情，谊难分，红军啊！几时（里格）盼望（介支个）把圆团，
八送（里格）红军，（介支个）八角山，山下（里格）路上，（介支个）酒一碗，

心儿牵牵（介支个）穷人盼，草鞋双双，莫把脚磨穿，

祝愿亲人打胜仗，红军啊，播下的粮种，（介支个）等君还，

九送红军，上大道，锣儿无声鼓不敲，鼓不敲，

双双（里格）拉着长茧的手，心像（里格）黄莲，脸在笑，

肉之情怎能忘，红军啊，盼望（里格）早日，（介支个）传捷报，

十送（里格）红军，（介支个）望月亭，望月（里格）亭上，（介支个）搭高台，

台高（里格）十丈，白玉柱，雕龙（里格）画凤，放呀放光彩，

朝也盼来晚也想，红军啊，这台（里格）名叫（介支个）望红台。

【创作背景】《十送红军》由张士燮编词，由朱正本编曲，于1961年创作发表。《十送红军》歌词以叙事为基础，并借叙事来表达革命根据地人民对红军的深厚感情及对革命胜利的强烈期盼。歌词采用情景交融，借景抒情的手法，使人感到情真意切、难舍难分。

【歌曲赏鉴】旋律有一个主体（B）和两个变体（c与C），从而构成ABABACA的结构形态。应该说，各段之间都有着内在的联系，通过采用回旋曲式手法 ，从而使整首歌曲风格统一。与此同时，每段旋律又融进独具特色的音乐因素，使得各段之间形成了鲜明的对比。此外，在每一段的旋律运行中，多以短句的形态出现，并且在短句的后面停顿。尽管在短句间歇时有短小的间奏穿插其中，其音乐情感是留恋、期盼、祝福、深情等多种情绪融为一体的。

七、《红灯记》

奶奶，您听我说！

我家的表叔数不清，

没有大事不登门。

虽说是，虽说是亲眷又不相认，

可他比亲眷还要亲，

爹爹和奶奶齐声唤亲人，

这里的奥妙我也能猜出几分：

他们和爹爹都一样，

都有一颗红亮的心。

【创作背景】现代京剧《红灯记》，从创作和剧目上来看，它以精品性的艺术创作和多元化的艺术元素来展现艺术形象和故事情节。京剧《红灯记》描写了抗日战争时期，

我党地下党员、铁路工人李玉和及李奶奶、李铁梅并无血缘关系的“一家”祖孙三代，致力于保护和传送我党的秘密文件“密电码”，却不幸被叛徒出卖，在日寇威逼利诱无果后，在敌人的屠刀下坚贞不屈、视死如归并前仆后继，最终将“密电码”送交到抗日游击队的故事。音乐创作以新的面貌反映“新时期”的到来，社会主义建设的恢复与开展及人民群众在“新时期”的现实生活和精神面貌。

【歌曲赏鉴】现代京剧一方面将我国的国粹传统京剧赋予了现实生活的气息；另一方面，又在艺术创作上将传统京剧的艺术表现形式与五四新文化运动以来所形成与发展的新的艺术成果进行了有机的结合。其中，在音乐方面就包括了将西方音乐中的器乐化多声部表现手法与中国传统京剧主调唱腔的有机结合，同时采用西方音乐主题动机贯穿手法对于戏剧人物进行形象塑造，将戏剧音乐精心打造出一批单元性强、易于歌唱和流传的优秀唱段。

八、《我的祖国》

一条大河波浪宽，风吹稻花香两岸，
我家就在岸上住，听惯了艄公的号子看惯了船上的白帆。
这是美丽的祖国，是我生长的地方，
在这片辽阔的土地上，到处都有明媚的风光。
姑娘好像花儿一样，小伙儿心胸多宽广，
为了开辟新天地，唤醒了沉睡的高山让那河流改变了模样。
这是英雄的祖国，是我生长的地方，
在这片古老的土地上，到处都有青春的力量。
好山好水好地方，条条大路都宽敞，
朋友来了有好酒，若是那豺狼来了，迎接它的有猎枪。
这是强大的祖国，是我生长的地方，
在这片温暖的土地上，到处都有和平的阳光。

【创作背景】《我的祖国》为电影《上甘岭》（1956年出品）的插曲。乔羽作词，刘炽作曲，原唱者是中国女高音歌唱家郭兰英。1989年，乔羽、刘炽、郭兰英凭借该曲获得第一届金唱片奖。2007年，中国第一颗探月卫星嫦娥一号特别搭载了这首歌曲。

【歌曲赏鉴】这首歌曲深切地表达了浓烈的爱国主义思想，唱出了志愿军战士对祖国、对家乡的无限热爱之情和英雄主义的气概。歌词真挚朴实，亲切生动。三段歌是三幅美丽的图画，引人入胜。歌曲虽然不同于很多红歌那般曲风硬朗有力，但前半部曲调委婉动听，后半部副歌，混声合唱与前面形成鲜明对比，仿佛山洪喷涌而一泻千里，尽情地抒发战士们的激情，唱出志愿军战士对祖国、对家乡的无限热爱之情和英雄主义的气概。《我的祖国》是一首优秀的抒情歌曲，深切地表达了浓烈的爱国主义思想，歌曲前一部分以抒情的女高音形式，一种波涌而来的思乡之情洋溢在甜美的歌声中，使人仿佛看到祖国江河帆影漂移、田野稻浪飘香的美丽景色。后一部分用混声合唱形式，与前段形成鲜明的对比，唱出了“这是美丽的祖国”的主题，激情澎湃，气势磅礴。

第四节　改革开放时期的爱国主义歌曲选鉴

一、《在希望的田野上》

我们的家乡 在希望的田野上，
炊烟在新建的住房上飘荡，
小河在美丽的村庄旁流淌。
一片冬麦，（那个）一片高粱，
十里（哟）荷塘，十里果香。
哎~咳哟~ 嗬 呀儿咿儿哟！
咳 我们世世代代在这田野上生活，
为她富裕 为她兴旺。

我们的未来 在希望的田野上，
人们在明媚的阳光下生活，
生活在人们的劳动中变样。
老人们举杯，（那个）孩子们欢笑，
小伙儿（哟）弹琴，姑娘歌唱。
哎~咳哟~嗬呀儿咿儿哟！
咳！我们世世代代在这田野上奋斗，
为她幸福 为她争光。
为她幸福 为她争~光~

【创作背景】《在希望的田野上》（晓光词，施光南曲）是一首反映祖国农村美好景象的歌曲，这首歌曲创作时正值我国改革开放初期，在党的领导下，广大人民在新的时代与祖国的发展中看到了“一片冬麦，一片高粱”“十里荷塘，十里果香”的欣欣向荣景象，更加激发了他们昂扬的生产热情和追求幸福生活的愿望。作品通过这种具有浓厚乡村气息和时代风貌的形象描绘，将20世纪80年代初期我国新农村欣欣向荣的画面形象生动地表现了出来。

【歌曲赏鉴】《在希望的田野上》作品共分为三个乐段，第一乐段是从高音区开始进入，表现出“希望”的曙光已经洒满田野大地，丰收的景象令人产生激越无比的豪迈之情。第二乐段在将第一乐段主题发展的基础上给予了上行与下行的跳进发展，欢快的气氛在加深的同时与第一乐段形成对比。第三乐段先后将第一与第二乐段浓缩成多声部的表现，将音乐推向全曲的高潮。作为改革开放初期被广为传唱的经典音乐作品，《在希望的田野上》形象地记录了我国农村地区生产建设和广大农民群众乐观向上的精神面貌。作品真实而艺术的表现了在中国共产党的领导下，我国农业建设在改革开放初期所取得的伟大成就，标志着祖国的建设事业向着造福于人民和建设社会主义伟大国家的目标全力前进。

二、《长江之歌》

你从雪山走来，
春潮是你的风采；
你向东海奔去，
惊涛是你的气概。
你用甘甜的乳汁，
哺育各族儿女；
你用健美的臂膀，
挽起高山大海。
我们赞美长江，
你是无穷的源泉；
我们依恋长江，
你有母亲的情怀。
你从远古走来，
巨浪荡涤着尘埃；

你向未来奔去，
涛声回荡在天外。
你用纯洁的清流，
灌溉花的国土；
你用磅礴的力量，
推动新的时代。
我们赞美长江，
你是无穷的源泉；
我们依恋长江，
你有母亲的情怀。

【创作背景】《长江之歌》为20世纪80年代风靡全中国的大型电视纪录片《话说长江》主题歌，王世光作曲，胡宏伟作词，季小琴演唱。这首歌旋律激昂，歌词气势磅礴，通过对中国的第一长河——长江的描写与赞美，表达了中国人民热爱祖国的深厚情感。《长江之歌》题意是关于长江的歌，唱长江的歌，赞长江的歌。长江是我国第一大河，发源于青海省唐古拉山各拉丹冬雪山沱沱河，全长六千三百余公里，流经11个省、市、自治区，注入东海。它源远流长，与黄河一起被称为中华民族的摇篮，哺育了一代又一代中华儿女。它是永远值得赞颂的。

【歌曲赏鉴】这首歌曲赞颂了长江的宏伟、壮丽，表达了对长江的热爱、依恋之情。全歌曲共分两个部分：第一部分（第1节）写长江源远流长、宏伟博大、多姿多彩。第二部分（第2节）写长江古老悠久、气势磅礴、力量无穷。这两部分运用前后两次出现的“我们赞美长江，你是无穷的源泉；我们依恋长江，你有母亲的情怀”贯通起来，以对长江“赞美”“依恋”的真挚感情作主线，把长江源远流长、历史悠久、力量无穷、贡献巨大融为一体，给读者以强烈的艺术感染，进而升腾起对祖国大好河山的热爱之情。这首歌曲用高度的艺术概括，采用形象、凝练的语言，纵情讴歌了中华民族的母亲河——长江，抒发了对伟大祖国的赞颂之情。

三、《绒花》

世上有朵美丽的花，
那是青春吐芳华。
铮铮硬骨绽花开，

滴滴鲜血染红它。
啊~啊~
绒花！绒花！
啊~啦~
一路芬芳满山崖。
世上有朵英雄的花，
那是青春放光华。
花载亲人上高山，
顶天立地迎彩霞。
啊~啊~
绒花！绒花！
啦~啦~
一路芬芳满山崖。

【创作背景】《绒花》由李谷一演唱，刘国富、田农作词，王酩作曲。歌曲收录于专辑《乡恋》。该歌曲是电影《小花》中的插曲。歌曲曾在1980“听众喜爱的广播歌曲”评选活动中获奖。

【歌曲赏鉴】《绒花》旋律优美流畅，李谷一是中国著名歌唱艺术家，湖南花鼓戏表演艺术家，国家一级演员，1961年在《刘海砍樵》一剧中饰演胡秀英正式从艺，1963年在《双送粮》一剧中饰演小孙女演唱其唱段《浏阳河》，使《浏阳河》成为闻名全国的小调，1965年，李谷一主演的《补锅》一剧大获成功，不仅被拍成电影，李谷一因此还受到了毛泽东主席和周恩来总理的接见。她在此期间还出演过《牛多喜上轿》等剧。1974年调入中央乐团担任女高音歌唱家，在五十多年的从艺生涯中她演唱了近千首歌曲，其中的一百余首歌曲在海内外广泛流传。

四、《天路》

清晨我站在青青的牧场，
看到神鹰披着那霞光，
像一片祥云飞过蓝天，
为藏家儿女带来吉祥，
那是一条神奇的天路喂！
把人间的温暖送到边疆，

从此山不再高路不再漫长，
各族儿女欢聚一堂。
黄昏我站在高高的山岗，
看那铁路修到我家乡，
一条条巨龙翻山越岭，
为雪域高原送来安康，
那是一条神奇的天路喂！
带我们走进人间天堂，
青稞酒 酥油茶会更加香甜，
幸福的歌声传遍四方。
那是一条神奇的天路喂！
带我们走进人间天堂，
青稞酒酥油茶会更加香甜，
幸福的歌声传遍四方；
幸福的歌声传遍四方。

【创作背景】北京作曲家印青和另一位词作家屈塬，来到青藏铁路施工现场采风时发现，铁路工人和藏族群众都把青藏铁路形象地称为“天路”，歌曲《天路》由此创作出来。2005年春节前，韩红买下《天路》演唱权，接着请人编曲、配器，然后录音，最后成功在春晚上演唱。

【歌曲赏鉴】《天路》为抒情性的歌曲，旋律特征鲜明，西藏风格典型突出，音乐素材简约凝练。作曲家并未照搬套用藏族民歌旋律，而是将骨干音调的高低长短重新排列组合，使人听上去新颖别致。《天路》前奏第一小节采用纯五度跳进音型，之后，作曲家连续在羽调式主音上方三度音和下方二度音做了短暂延留后，突然将五度音大跳至下方八度，再上行回落主音，显得更开阔、明亮又撼动人心。这个制高点的设置，突破了歌曲创作的常规，而印青的处理犹如神山奇峰拔地而起。在歌词“摆字”上也做了精心设计，十分巧妙地利用相同的节拍速度，形成不同的节奏语感的变化。而乐句之间重复音的运用及句头句尾起音落音的安排，无不体现作曲家的个性语言。“从此山不再高路不再漫长，各族儿女欢聚一堂”，耐人寻味，前半句拉开与藏谣的距离，后半句又不露痕迹落叶归根。

五、《春天的故事》

一九七九年那是一个春天，
有一位老人在中国的南海边画了一个圈。
神话般地崛起座座城，
奇迹般聚起座座金山，
春雷啊唤醒了长城内外，
春辉啊暖透了大江两岸。
啊，中国中国，
你迈开了气壮山河的新步伐，
你迈开了气壮山河的新步伐，
走进万象更新的春天。
一九九二年又是一个春天，
有一位老人在中国的南海边写下诗篇。
天地间荡起滚滚春潮，
征途上扬起浩浩风帆，
春风啊吹绿了东方神州，
春雨啊滋润了华夏故园。
啊，中国中国，
你展开了一幅百年的新画卷，
你展开了一幅百年的新画卷，
捧出万紫千红的春天。
啊……

【创作背景】《春天的故事》由蒋开儒、叶旭全填词，王佑贵作曲。由深圳女歌手刘绍文在广东省青春歌曲创作大赛决赛上唱，1994年10月在中央电视台首播的版本则由董文华演唱。该曲作为中国改革开放的代表曲，先后获得了中央电视台第二届音乐电视大赛金奖、中共中央宣传部第六届“五个一工程奖”、金钟奖等奖项，成为获得国家奖项最多的歌曲。

【歌曲赏鉴】该曲写法通俗，充满生活气息，比喻清新贴切而又充满深情，写出了人民对改革开放的拥护和对小平同志的崇敬，是真正的百姓心声。该曲是一首感人至深的歌，记下了深圳乃至整个中国的变化。虽是歌曲，《春天的故事》却有史诗般的气势，又十分亲切，使人如沐春风。运用白描的手法、叙述的笔触和亲切感人的语调，热情歌颂了邓小平制定的改革开放政策，以及改革开放政策给中国带来的巨大变化。该曲曲作者王佑贵采用了中国民间音乐的曲调，以一种平和、亲切、感人的音乐为主题，塑造了两个重要的音乐形象，一个是邓小平的领袖形象，一个是拥戴领袖的大众音乐形象，这两个形象交替出现，并运用音区、音色、音调以及调性的对比，气势恢宏地展现了一幅史诗般壮丽的画卷 。

六、《走进新时代》

总想对你表白，我的心情是多么豪迈，
总想对你倾诉，我对生活是多么热爱，
勤劳勇敢的中国人，意气风发走进新时代。
啊 我们意气风发走进那新时代。
我们唱着东方红，当家作主站起来，
我们讲着春天的故事，改革开放富起来，
继往开来的领路人，带领我们走进那新时代，高举旗帜开创未来。
让我告诉世界，中国命运自己主宰，
让我告诉未来，中国进行着接力赛，
承前启后的领路人，带领我们走进新时代。
啊带领我们走进走进那新时代。
我们唱着东方红，当家作主站起来，
我们讲着春天的故事，改革开放富起来，
继往开来的领路人，带领我们走进那新时代，
我们唱着东方红，当家作主站起来，
我们讲着春天的故事，改革开放富起来，
继往开来的领路人，带领我们走进那新时代，
高举旗帜开创未来，开创未来。

【创作背景】《走进新时代》由张也演唱，蒋开儒作词，印青作曲。歌曲发行于1997年4月1日，收录于专辑《走进新时代》。1999年，《走进新时代》获中共中央宣传部“五个一工程奖”。

【歌曲赏鉴】《走进新时代》旋律动人正气、歌词真挚朴实，充满爱国主义精神，歌

颂了中国人民勤劳勇敢和无限智慧，表达对国家领导人和中国共产党的爱戴和尊敬之情。“总想对你表白，我的心情是多么豪迈，总想对你倾诉，我对生活是多么热爱”，《走进新时代》开篇直白自然地流露出真挚的情感。“勤劳勇敢的中国人，意气风发走进新时代”讴歌了中华儿女传统美德，生动地描写了中国人民奋发图强、神采飞扬的精神面貌，也表现出祖国走向繁荣富强的景象。“我们唱着东方红，当家作主站起来……”巧妙运用三首爱国歌曲将历史连接起来，唤起人们对革命时期、改革开放时期的回忆，并带出《走进新时代》这一新的时代篇章。《走进新时代》言简意赅、直抒胸臆、鼓舞人心。

七、《爱我中华》

爱我中华，
爱我中华，
爱我中华，
赛罗赛罗赛罗赛罗赛罗赛罗，
嘿……
五十六个星座，五十六枝花，
五十六族兄弟姐妹是一家，
五十六种语言，汇成一句话，
爱我中华爱我中华爱我中华。
嘿罗嘿罗嘿罗嘿罗嘿罗嘿罗，
爱我中华。
五十六个星座，五十六枝花，
五十六族兄弟姐妹是一家，
五十六种语言，汇成一句话，
爱我中华爱我中华爱我中华。
爱我中华，
健儿奋起步伐；
爱我中华，
建设我们的国家；
爱我中华，
中华英姿焕发。
爱我中华。

五十六族兄弟姐妹，
五十六种语言汇成一句话，
爱我中华。
赛罗赛罗赛罗赛罗赛罗赛罗
五十六个星座，五十六枝花，
五十六族兄弟姐妹是一家，
五十六种语言汇成一句话，
爱我中华爱我中华，
爱我中华。
嘿罗嘿罗嘿罗嘿罗嘿罗嘿罗~
爱我中华，
爱我中华，
健儿奋起步伐；
爱我中华，
建设我们的国家；
爱我中华，
中华雄姿英发。
爱我中华。
五十六族兄弟姐妹，
五十六种语言汇成一句话，
爱我中华。
五十六个星座，五十六枝花，
五十六族兄弟姐妹是一家，
五十六种语言汇成一句话，
爱我中华爱我中华爱我中华，
嘿罗嘿罗嘿罗嘿罗嘿罗嘿罗，
爱我中华。
五十六个星座，五十六枝花，
五十六族兄弟姐妹是一家，
五十六种语言，汇成一句话，
爱我中华爱我中华爱我中华。
爱我中华，

健儿奋起步伐；
爱我中华，
建设我们的国家；
爱我中华，
中华雄姿英发；
爱我中华。
五十六族兄弟姐妹，
五十六种语言汇成一句话，
爱我中华。
嘿！

【创作背景】《爱我中华》在20世纪90年代初被创作并流传，《爱我中华》由乔羽作词，徐沛东作曲，是为在广西举行的第四届全国少数民族运动会开幕式大型文艺表演而创作的主题曲。作曲家在创作时考虑到民运会是全国少数民族体育运动的一次盛会，既然是在广西举办，最好要有广西风格，但也不能全是广西风格。所以在音调上尽可能像广西的而又不全是广西的，曲调上推陈出新。比如，“五十六个星座，五十六枝花……”的旋律及后面的衬词”赛罗赛罗赛罗赛”则具有一种明显的云南风格，整首歌曲发展显得很大气。

【歌曲赏鉴】《爱我中华》为1991年召开的第四届全国少数民族运动会创作的会歌。谱曲时广泛采用广西、云南等地少数民族的音调。歌曲原是二段体。整个乐段曲调较活泼，节奏跳跃，音域较窄。《爱我中华》是4/4拍，b调式。曲式结构为三段体，即a+b+a+c。其中，a段（领唱部分）是全曲的主题段，b段和c段（齐唱部分）是与a段构成对比的段落。整段音乐既跳荡又平稳，表现出一种载歌载舞的喜悦之情。b段是一个带有插句性质的对比性段落，这个只有三个音（sol、rei、dao）构成的乐段基本上重复的是一个音型，这种带有集体舞风格特点的节奏型，第一次轻松地将歌曲送上高潮。c段是一个具有较强对比性质的音乐段落，此段音乐的节奏型既表现出“呼口号”的气势，又表现出集体舞的欢快和热烈。整首作品有张有弛，一气呵成，表达了强烈的民族自豪感。

八、《西部放歌》

哗啦啦的黄河水日夜向东流，
黄土地的儿女跟着那太阳走。
一道道岭一条条沟，

一声声信天游早已不唱那走西口。
多少年的祈盼，多少代追求，
年轻的高原人，赶上了好年头。
大开发的号角在新时代吹响，
神奇的西部追赶潮头竞风流。
大开发的号角在新时代吹响，
神奇的西部追赶那潮头竞风流。
冰河化春水，荒漠变绿洲，
一场场及时雨就像一杯杯醉人的酒。
八方来支援，兄弟手挽手，
甩开臂膀创大业咱奋发争上游。
赛江南的美景在新世纪造就，
古老的山川明天到处披锦绣。
赛江南的美景在新世纪造就，
古老的山川明天到处披锦绣。
哗啦啦的黄河水日夜向东流，
黄土地的儿女跟着那太阳走。

【创作背景】《西部放歌》由屈塬作词，印青作曲，王宏伟演唱。王宏伟凭借该曲获首届中国轻音乐学会奖最佳民歌男歌手奖。

【歌曲赏鉴】该曲把当代人的思想、情歌融入其中，浸透着西部民歌的传统精髓，王宏伟把新疆汉子自由奔放的激情与他潇洒大气的演唱方式融为一体，唱出了《西部放歌》的高远意境，体现出艺术与时俱进的精神，他那张弛有度、大气磅礴、声情并茂的歌声，为中国民族男高音树立了一个里程碑。该曲具备很高的艺术水准，成为讴歌西部大开发的标志性文艺作品。

九、《亚洲雄风》

我们亚洲，山是高昂的头，
我们亚洲，河像热血流，
我们亚洲，树都根连根，
我们亚洲，云也手握手！

莽原缠玉带，田野织彩绸，
亚洲风乍起，亚洲雄风震天吼。
我们亚洲，江山多俊秀，
我们亚洲，物产也富有，
我们亚洲，人民最勤劳。
我们亚洲，健儿更风流！
四海会宾客，五洲交朋友，
亚洲风乍起，亚洲雄风漫天吼。
啦~啦~啦~啦 亚洲雄风震天吼，
啦~啦~啦~啦 亚洲雄风震天吼！
我们亚洲，山是高昂的头，
我们亚洲，河像热血流，
我们亚洲，树都根连根，
我们亚洲，云也手握手！
莽原缠玉带，田野织彩绸，
亚洲风乍起，亚洲雄风震天吼。
我们亚洲，江山多俊秀，
我们亚洲，物产也富有，
我们亚洲，人民最勤劳。
我们亚洲，健儿更风流！
四海会宾客，五洲交朋友，
亚洲风乍起，亚洲雄风漫天吼。
啦~啦~啦~啦 亚洲雄风震天吼，
啦~啦~啦~啦 亚洲雄风震天吼！
啦~啦~啦~啦 亚洲雄风震天吼！
啦~啦~啦~啦 亚洲雄风震天吼！
震天吼！

【创作背景】《亚洲雄风》为韦唯和刘欢合唱的一首歌曲，张藜作词，徐沛东作曲，是1990年在北京举行的第11届亚洲运动会的宣传曲。《亚洲雄风》这首歌之所以广受欢迎，不仅源于歌曲本身的吸引力，而更重要的是它所蕴含的团结奋进的精神，鼓舞人心、振奋人心，恰到好处地契合了当时的时代背景。而作为当时全国最当红的两大实力唱将——韦唯和刘欢——激情演唱也为这首歌增色不少，虽然这首歌当时并没能成为北京亚运会的主题歌，但却在这场盛会当中成为流传最广的歌曲。

【歌曲赏鉴】《亚洲雄风》完全超越了体育歌曲范畴，甚至可以被称作流行歌曲。这首歌曲激昂高亢的旋律显示了中华儿女的强大富足和同亚洲各国的深厚友情。《亚洲雄风》在中国及亚洲范围内都产生了深远的影响。这首歌曲更多的是群众性的一种呼唤和呐喊。这首歌曲能够深入人心，很重要的一部分原因是它朗朗上口的歌词。歌词中多次采用拟人、比喻和回环的修辞手法，唱起来气势磅礴 。

十、《为了谁》

泥巴裹满裤腿，
汗水湿透衣背。
我不知道你是谁，
我却知道你为了谁，
为了谁，
为了秋的收获，
为了春回大雁归。
满腔热血唱出青春无悔，
望断天涯不知战友何时回？
你是谁，
为了谁，
我的战友你何时回？
你是谁，
为了谁，
我的兄弟姐妹不流泪！
谁最美，
谁最累，
我的乡亲，我的战友，
我的兄弟姐妹。
泥巴裹满裤腿，
汗水湿透衣背。
我不知道你是谁，

我却知道你为了谁；
为了谁，
为了秋的收获，
为了春回大雁归。
满腔热血唱出青春无悔，
望断天涯不知战友何时回？
你是谁，
为了谁，
我的战友你何时回？
你是谁，
为了谁，
我的兄弟姐妹不流泪！
谁最美，
谁最累，
我的乡亲，我的战友，
我的兄弟姐妹。
姐妹。

【创作背景】《为了谁》由祖海演唱，邹友开作词，孟庆云作曲，收录在1999年8月1日祖海发行的同名专辑《为了谁》中。1999年10月，该曲获中宣部“五个一工程奖”。

【歌曲赏鉴】《为了谁》深情讴歌了人民子弟兵心系人民、英勇无畏与坚强不屈的崇高品质，感动了无数华夏儿女。赞扬了军人不怕苦、不怕累、不怕牺牲的伟大精神，激发了群众热爱解放军、热爱祖国的炽热情感，让人们仿佛又回到了1998年那令人难忘的抗洪夏天。

第五节　新时期爱国主义歌曲选鉴

一、《我和我的祖国》

我和我的祖国，一刻也不能分割。

无论我走到哪里，都流出一首赞歌，
我歌唱每一座高山，我歌唱每一条河，
袅袅炊烟，小小村落，路上一道辙。
我亲爱的祖国，我永远紧依着你的心窝，
你用你那母亲的温情和我诉说。
我的祖国和我，像海和浪花一朵，
浪是海的赤子，海是那浪的依托，
每当大海在微笑，我就是笑的漩涡，
我分担着海的忧愁，分享海的欢乐。
我亲爱的祖国，你是大海永不干涸，
永远给我 碧浪清波，心中的歌。
啦……啦……
永远给我 碧浪清波，心中的歌。

【创作背景】《我和我的祖国》由李谷一演唱，张藜填词，秦咏诚谱曲。这首歌曲采用了抒情和激情相结合的笔调，将优美动人的旋律与朴实真挚的歌词巧妙结合起来，表达了人民对伟大祖国的衷心依恋和真诚歌颂。

【歌曲赏鉴】《我和我的祖国》以第一人称的手法诉说了“我和祖国”息息相关、一刻也不能分离的心情，而作为歌词，作者运用了两个具象化的比喻：其一是“我和我的祖国”是子女和母亲之间的关系；其二是“我的祖国和我”是大海与浪花之间的关系。前者是情因，抒发的是母与子眷眷与拳拳之情，后者是情据，感受的是大海与浪花的依托与忧乐之据。“我和我的祖国”“我的祖国和我”的永恒的关系式，更是亘古不变的情感。如果要寻找一下人类共同而高尚的精神情感，且不分国籍、不分民族的情感，那只有唯一的答案，就是爱国主义，这是全人类共有的永恒的主题。作曲家在力求获得准确、生动的音乐形象的同时，还明确了对旋律在其语言风格上的定位。作曲家十分懂得生活中的语言节奏与音乐中的旋律节奏结合的规律，在使听众听得清、听得懂的基础上，保持了应有的线条美和律动美，从而创造了楚楚动人的音乐形象和丝丝入扣的情感表达。歌曲采用舒展流畅的旋律，6/8、9/8的三拍子，有主歌、有副歌的并列二部曲式结构，不强调装饰性，而让其自然流露，这样既朴实大方，又亲切感人，生动形象地表现了每一个人和生他养他的祖国的血肉联系，可以这样说，在词曲结合的领域中，已经达到了相当程度上的”恰到好处”。因此，《我和我的祖国》是一首具有永久魅力的深受人们喜爱的抒情歌曲。

二、《芦花》

芦花白，芦花美，花絮满天飞。
千丝万缕意绵绵，路上彩云追。
追过山，追过水，花飞为了谁?
大雁成行人双对，相思花为媒。
情和爱，花为媒，千里万里梦相随，
莫忘故乡秋光好，早戴红花报春归。
情和爱，花为媒，千里万里梦相随，
莫忘故乡秋光好，早戴红花报春归。

【歌曲赏鉴】《芦花》由贺东久作词，印青作曲，是一首优秀的创作歌曲。曲调清心悦耳、委婉动听，抒发了姑娘对心上人奔赴祖国边疆，为了保卫祖国对恋人的寄托情怀。主题直白含蓄，是抒情歌曲的典范。

【创作背景】《芦花》这首歌曲调清心悦耳、委婉动听，词曲有着令人回味无穷的意境。芦花是湿地常见的一种极为普通的芦苇花絮，一旦凋零败落会漫天飞舞，这首歌采用借景抒情手法，抒发姑娘对心上人的柔情赋予芦花鲜活生命力和人间真情。歌曲极富有民族特色又充满时代气息，旋律亲切感人，听起来婉转悠扬、荡气回肠。特别将芦花的洁白无瑕、翩翩起舞的形象和姑娘淳朴善良、追求幸福的情怀展现得淋漓尽致，是大众喜爱的优秀歌曲。

三、《望月》

望着月亮的时候，
常常想起你，
望着你的时候，
就想起月亮。
世界上最美，
最美的是月亮，
比月亮更美，
更美的是你。

没有你的日子里，
我常常望着月亮，
那溶溶的月色就像你的脸庞，
月亮抚慰，
抚慰着我的心，
我的泪水，
浸湿了月光。
月亮在天上，
我在地上，
就像你在海角，
我在天涯，
月亮升得再高，
也高不过天啊，
你走得多么远，
也走不出我的思念。
月亮在天上，
我在地上，
就像你在海角，
我在天涯，
月亮升得再高，
也高不过天啊，
你走得多么远，
也走不出我的思念。
望着月亮的时候，
常常想起你，
望着你的时候，
就想起月亮。
世界上最美，
最美的是月亮，
比月亮更美，
更美的是你。
比月亮更美，

更美的是你，
更美的是你，
更美的是你。

【创作背景】《望月》由国风作词，印青作曲，宋祖英演唱，在2004年的春节晚会上《望月》首次被公开演唱。2005年《望月》收录于专辑《飞》。

【歌曲赏鉴】《望月》是国风创作于2003年，该曲目歌词优美，意境深远，抒发了游子对祖国的思念之情，对亲人的思念之情，对师长的怀念之情。

四、《红船向未来》

一艘红船哎，南湖浪里来。
经风雨历险滩，奋勇向前开。
虽说是航道上常有迷雾阴霾，
却总能看得清金色未来，
一艘红船哎，南湖浪里来，
风里吹雨里打，方向不曾改。
虽说是路途中常有困苦艰难，
却总能承前启后继往开来，
我们万众一心扬帆去远航，
凝聚情凝聚爱 同心创未来，
我们万众一心驶向大海。
凝聚情凝聚爱，同心创未来，
你是我的老船长，你把我关爱。
航程里留下的故事一代传一代。
你是我的老船长，你把我关爱。
航程里留下的故事一代传一代。
你是我的老船长，你把我关爱，
风浪里跟着你红船向未来。

【创作背景】《红船向未来》由济南市词曲作者张红旗创作，著名歌唱家吕薇演唱。该歌曲是张红旗将原来写的一首《红船曲》做了修改，在歌词上添加了时代符号。当年就被中央电视台选定为七一大型文艺晚会作品，并制作成MV在中央电视台及全国各地方电视台播放。该曲入选中宣部、中央文明办等十部委推荐出的100首爱国歌曲。

【歌曲赏鉴】晴朗的夏天，在南湖碧波中的一条红船，向这个沉睡的世界庄严宣告，我是巨龙，我是睡狮，我就是那面绣着镰刀和锤头的红旗。苦难中的我要奋起，要腾飞，要翱翔在世界瞩目的东方。善良父老乡亲心中的红船，在共产党的指引下，我们一定能够达到光辉的彼岸，走向胜利的明天。

五、《不忘初心》

万水千山不忘来时路，
鲜血浇灌出花开的国度，
生死相依只为了那一句承诺，
报答你是我唯一的倾诉，
树高千尺根深在沃土，
你是大地给我万般呵护，
生生不息只为了那一份托付。
无惧风雨迎来新日出，
你是我的一切我的全部，
向往你的向往，幸福你的幸福。
不忘初心，继续前进，
万水千山，最美中国道路。
你是我的一切我的全部，
向往你的向往，
幸福你的幸福，
不忘初心，继续前进，
万水千山，最美中国道路。
树高千尺根深在沃土，
你是大地给我万般呵护，
生生不息只为了那一份托付，
无惧风雨迎来新日出。
你是我的一切我的全部，
向往你的向往，幸福你的幸福，
不忘初心，继续前进，

万水千山，最美中国道路。
你是我的一切我的全部。
向往你的向往，幸福你的幸福，
不忘初心，继续前进，
万水千山，最美中国道路。
万水千山，最美中国道路。

【创作背景】《不忘初心》由朱海作词，舒楠作曲，韩磊与谭维维演唱。该曲于2016年10月19日在“永远的长征——纪念红军长征胜利80周年文艺晚会”上首唱，是2017年中央电视台春晚零点压轴曲目，也是政论专题片《不忘初心继续前进》当中的主题曲。后收录于韩磊2017年3月发行的专辑《不忘初心·孝行天下》中。2017年9月，该曲获第十四届精神文明建设“五个一工程奖”歌曲类优秀作品奖。

【歌曲赏鉴】让人重温红军战士用生命和热血铸就的雄壮历史，重温革命先辈用理想和信念丈量的伟大远征。而听众更应该走好自己的长征路。一曲《不忘初心》，曲调悠扬，歌词暖心，一句“不忘初心，继续前进，万水千山，最美中国道路”，让人重温红军长征那段艰苦卓绝的峥嵘岁月，道尽对祖国和人民的浓浓深情。“万水千山，不忘来时路”，歌曲开门见山，点出听众要牢记从何而来，为何出发。“你是我的一切我的全部”，牢记人民群众的恩情，回报人民，回报养育祖国这片沃土。《不忘初心》以男女二重唱形式创作，新的曲式风格，新的演唱表达，音乐多了亲和力和互动感，令无数年轻人产生了时代共鸣。

六、《强军战歌》

听吧新征程号角吹响，
强军目标召唤在前方。
国要强，我们就要担当。
战旗上写满铁血荣光，
将士们听党指挥，
能打胜仗作风优良，
不惧强敌敢较量，
为祖国决胜疆场。
听吧新征程号角吹响，

强军目标召唤在前方，
国要强，我们就要担当，
战旗上写满铁血荣光，
将士们听党指挥，
能打胜仗作风优良，
不惧强敌敢较量，
为祖国决胜疆场。
将士们听党指挥，
能打胜仗作风优良，
不惧强敌敢较量，
为祖国决胜疆场，
决胜疆场。

【创作背景】《强军战歌》由王晓岭作词，印青作曲，阎维文演唱，于2013年发行。阎维文在2015年中央电视台春节联欢晚会上演唱该歌曲，解放军官兵在纪念中国人民抗日战争暨世界反法西斯战争胜利70周年阅兵式上演唱该歌曲。2014年，《强军战歌》被评为中国人民解放军总政治部宣传部推荐20首战斗精神歌曲之一。

【歌曲赏鉴】《强军战歌》结构是一首再现二段式歌曲作品，C自然大调，4/4拍，是进行曲风格作品。歌曲在前奏部分直接采用了第一段的主旋律，以此来直入主题，烘托情绪。第一段采用平行二句体的结构写作而成，通过平行结构的旋律重复，强调歌曲的主题及“强军”的坚强决心。旋律开始运用了弱起的节奏模式，弱起节奏由弱到强的进行更能体现进行曲铿锵豪迈、意气风发的军队气质；之后采用同音反复及重音强调的写作技法，并且辅之以舒缓的节奏，好像是吹响了练兵强军的号角；第二句变化重复第一句的旋律，以同头异尾的方式形成旋律上的正格完全终止，号召战士们要以强军强国为己任，勇于担当，为国争光。第二段结构采用更加自由的对比二句体写作，节奏改为强起，重音强调继续加强，第一句旋律的级进下行，好像是以诉说的方式告诫战士们该怎样做才能打胜仗，形成优良作风。第二句的旋律起伏跳跃比较大，特别是上行的跳进，体现出战士们为了保卫祖国敢于同强敌坚决较量的决心和信心。《强军战歌》整首歌曲旋律起伏婉转，重复强调，和而不同，既有一般进行曲的慷慨激昂，又有反映新时代新目标的新旋律特点。

七、《走向复兴》

我们迎着初升的太阳，
走在崭新的道路上。
我们是优秀的中华儿女，
谱写时代的新篇章。
男：我们迎着风雨向前方，
万众一心挽起臂膀。
女：我们要把亲爱的祖国，
变得更加美丽富强。
合：前进，前进，向前进，
挺起胸膛，何惧风浪；
前进，前进，向前进，
肩负民族的希望。
男：我们迎着灿烂的阳光，
飞向太空驰骋海洋。
女：我们是英雄的中华儿女，
古老文明焕发新光芒。
男：我们迎着胜利向远方，
振兴中华是我们的理想。
女：我们迈着坚定的步伐，
中国屹立在世界东方。
合：前进，前进，向前进，
排山倒海不可阻挡，
前进，前进，向前进，
走向复兴，创造辉煌。
前进，前进，向前进，
排山倒海不可阻挡，
前进，前进，向前进，
走向复兴，创造辉煌。
走向复兴，走向复兴，

走向复兴，创造辉煌。

【创作背景】《走向复兴》是为中华人民共和国成立60周年华诞献礼的中文普通话歌曲，由深圳市委宣传部和深圳广电集团共同组织创作。该歌曲的曲作者为印青，词作者为李维福，创作于2009年。《走向复兴》被选入新中国第三部音乐舞蹈史诗《复兴之路》的压轴曲目。并且在庆祝国庆60周年大阅兵中，该歌曲也成为联合军乐团演奏的压轴曲目。由北京各大中院校学生2500人组成的群众游行合唱方阵对其进行了完整演唱。2012年9月25日，该歌曲获得第十二届精神文明建设“五个一工程奖”。

【歌曲赏鉴】《走向复兴》根据时代的要求负起传递向上的自信精神。它在节奏和旋律上很稳、不张扬，迎合了新中国面对困难，敌视、封锁的一种勇敢的精神。印青表示，李维福写的词表达出中国人在新的时期面向未来，不怕艰苦，走向民族复兴的一种信念，也与时代所需相呼应。中华民族走在复兴的道路上，起到一种催人奋进的激励作用。振奋人心的歌词配合进行曲的谱曲方式，以铿锵节奏擂响走向复兴的战鼓，仔细品味歌词中所蕴含的精神内核，这里面有昂扬向上的精神，有众志成城的斗志，有坚定无比的信念，有创造辉煌的梦想。

歌曲《走向复兴》，曲调昂扬向上，歌曲振奋人心，洋溢着爱国热情和革命英雄主义和乐观主义精神，传递了中华民族走向民族复兴和期盼国家富强的热切愿望，向着中华民族伟大复兴光明前景奋进的坚强决心。《走向复兴》歌词描述了中华民族走过的艰辛历程，“我们迎着风雨走向前方”和“挺起胸膛何惧风浪”切实反映了中华民族60年来走过的不凡路程。新中国刚刚成立的时候，类似的歌曲有《歌唱祖国》，接着有《我们走在大路上》，创作者们站的角度都很高。而到了这首《走向复兴》，新中国迎来了60华诞，就应该继续大步向前，所以我们的创作角度要更广阔。这首歌号召全国人民在党的领导下走向复兴，走向辉煌，具有很强的时代意义，成为这个时代恰如其分的音乐注解。